Allgemeines

Berggesetz

für die

Preußischen Staaten

vom 24. Juni 1865.

Nebst

den auf die Einführung dieses Gesetzes in das Gebiet des vormaligen Königreichs Hannover, des vormaligen Kurfürstenthums Hessen und der vormaligen freien Stadt Frankfurt, sowie der vormals Baierischen Landestheile bezüglichen

Verordnungen.

Bonn,

bei Adolph Marcus.

1867.

Inhaltsverzeichniß.

Seite

I. Verordnung, betreffend die Einführung des Allgemeinen Berggesetzes vom 24. Juni 1865 in das Gebiet des vormaligen Königreichs Hannover. Vom 8. Mai 1867 I

II. Verordnungen, betreffend die Bezirke und das Ressort der Bergbehörden im Gebiete des vormaligen Königreichs Hannover.

1. Königliche Verordnung vom 25. Mai 1867, betr. die Bezirke und das Ressort der Oberbergämter im Gebiete des vormaligen Königreichs Hannover XIII
2. Verordnung des Handelsministers vom 1. Juni 1867, betr. die Feststellung der Reviere in dem Gebiete des vormaligen Königreichs Hannover XIV
3. Bekanntmachung des Berg- und Forstamts zu Clausthal vom 7. Juni 1867, betr. die Annahme der Muthungen . . XIV

III. Verordnung, betreffend die Einführung des Allgemeinen Berggesetzes vom 24. Juni 1865 in das mit der Preußischen Monarchie vereinigte Gebiet des vormaligen Kurfürstenthums Hessen und der vormaligen freien Stadt Frankfurt, sowie der vormals Königlich Baierischen Landestheile. Vom 1. Juni 1867 XVI

IV. Verordnungen, betreffend die Bezirke und das Ressort der Bergbehörden im Gebiete des vormaligen Kurfürstenthums Hessen und der vormaligen freien Stadt Frankfurt, sowie der vormals Königlich Baierischen Landestheile.

1 Königliche Verordnung vom 24. Juni 1867, betr. die Bezirke und das Ressort der Oberbergämter im Gebiete des vormaligen Kurfürstenthums Hessen und der vormaligen freien Stadt Frankfurt, sowie der vormals Königlich Baierischen Landestheile XXIV
2. Verordnung des Handelsministers vom 11. Juni 1867, betr. die Feststellung der Reviere für das Gebiet des vormaligen Kurfürstenthums Hessen und der vormaligen freien Stadt Frankfurt, sowie der vormals Königlich Baierischen Landestheile XXV

Allgemeines Berggesetz für die Preußischen Staaten vom 24 Juni 1865 1

I. Verordnung,

betreffend die Einführung des Allgemeinen Berggesetzes vom 24. Juni 1865 in das Gebiet des vormaligen Königreichs Hannover. Vom 8. Mai 1867.

Wir Wilhelm, von Gottes Gnaden König von Preußen ꝛc.

verordnen für das mit Unserer Monarchie vereinigte Gebiet des vormaligen Königreichs Hannover auf den Antrag Unseres Staatsministeriums, was folgt:

Artikel I.

Das Allgemeine Berggesetz für die Preußischen Staaten vom 24. Juni 1865 (Gesetz-Sammlung für 1865 S. 705) erlangt im Gebiete des vormaligen Königreichs Hannover unter nachfolgenden besonderen Bestimmungen mit dem 1. Juli 1867 Gesetzeskraft.

Artikel II.

Von den im §. 1 des Allgemeinen Berggesetzes von dem Verfügungsrechte des Grundeigenthümers ausgeschlossenen Mineralien kommen, vorbehaltlich der bestehenden Berechtigungen, Steinsalz nebst den mit demselben auf der nämlichen Lagerstätte vorkommenden Salzen und die Soolquellen in Wegfall. Die §§. 135, 165, 168 und 196 des Allgemeinen Berggesetzes finden, insoweit sich dieselben auf Salzbergwerke, Salinen, Soolleitungen und Soolbehälter beziehen, keine Anwendung.

Artikel III.

Hinsichtlich der Feldesgröße ist die Bestimmung unter 2 des

§. 27 des Allgemeinen Berggesetzes maaßgebend, insoweit nicht durch Artikel XV §. 1 etwas Anderes bestimmt ist.

Unter den im Allgemeinen Berggesetze in Bezug genommenen Maaßen sind überall die Preußischen Maaße zu verstehen.

Artikel IV.

Insofern aus den vor dem 1. Juli dieses Jahres ertheilten Schürfscheinen ein ausschließliches Schurfrecht auf ein bestimmtes Feld herzuleiten ist, behalten dieselben ihre bisherige Kraft für die Zeit, auf welche sie ertheilt sind. Schürfscheine solcher Art, welche auf unbestimmte Zeit ertheilt sind, verlieren ihre Kraft mit dem 1. Juli 1868.

Artikel V.

Statt des Kreises und Regierungsbezirks ist bis zur Aenderung der gegenwärtigen Hannoverschen Verwaltungsorganisation in der Verleihungsurkunde der obrigkeitliche und der Landdrostei-Bezirk zu bezeichnen, in welchem das Feld liegt.

Ueberhaupt sind, wo im Allgemeinen Berggesetze die Bezirksregierungen erwähnt werden, darunter, so lange die gegenwärtige Hannoversche Verwaltungsorganisation besteht, die Landdrosteien zu verstehen.

Artikel VI.

Auf das Bergwerkseigenthum finden hinsichtlich der Veräußerung, Verpfändung und des Arrestes die allgemeinen gesetzlichen Vorschriften, welche in dieser Beziehung für das Grundeigenthum in den vormals Hannoverschen Landestheilen gelten, Anwendung. Ebenso bleiben die Bestimmungen des Hannoverschen Rechtes hinsichtlich der Exekution, des Konkurses und der Rangordnung der Gläubiger unverändert, soweit nicht diese Verordnung abweichende Vorschriften enthält.

Artikel VII.

Der §. 108 des Allgemeinen Berggesetzes erhält den Zusatz:

Die Wirkung der erfolgten Verpfändung ist nach den in dem Hannoverschen Gesetze über das Pfandrecht und die Befriedigung der Gläubiger im Konkurse vom 14. Dezember 1864 §§. 42 ff. [1]) über das Faustpfand gegebenen Vorschriften zu beurtheilen.

---

1) §. 44. Das Faustpfand erlischt, sobald der Pfandgegenstand mit

Artikel VIII.

Die Exekution in den Antheil eines Gewerken (§. 109) richtet sich nach den in den §§. 552 und 553 der Hannoverschen bürgerlichen Prozeßordnung vom 8. November 1850 enthaltenen Vorschriften [1]).

Zustimmung des Gläubigers in den natürlichen Besitz des Verpfänders zurückgelangt.

§. 45. Das Faustpfand haftet für die Hauptforderung und für alle damit verbundenen Nebenforderungen. Wegen nicht connexer Forderungen findet ein Zurückbehaltungsrecht am Faustpfande nicht statt.

§. 46. Der Verkauf des Faustpfandes zum Zweck der Befriedigung des Gläubigers darf stattfinden, sobald die Pfandschuld fällig geworden ist; hat jedoch der Verpfänder oder ein Bevollmächtigter desselben einen bekannten Aufenthaltsort im Inlande, so muß der Gläubiger den Verpfänder oder den Bevollmächtigten zwei Wochen vorher davon benachrichtigen, daß zu dem Verkauf geschritten werden soll.

Diese Benachrichtigung kann durch die Post erfolgen und gilt dabei der letzte Satz des §. 123 der bürgerlichen Prozeßordnung. (§. 123: Die Behändigung gilt mit der Auflieferung zur Post für vollzogen und wird in ihrer Wirkung dadurch nicht aufgehoben, daß der Brief als unbestellbar zurückkommt.)

Unterbleibt die Benachrichtigung, so kann der trotzdem bewirkte Verkauf des Pfandes deshalb zwar nicht angefochten werden, doch ist der Gläubiger dem Verpfänder zum Ersatz des durch die Unterlassung der Benachrichtigung entstandenen Schadens verpflichtet.

§. 47. Der Verkauf des Faustpfandes muß in öffentlicher Versteigerung durch einen Gerichtsvoigt geschehen.

Faustpfänder, die einen Marktpreis haben, dürfen auch unter der Hand durch einen Handelsmäkler oder in Ermangelung eines solchen durch einen Gerichtsvoigt zum laufenden Preise verkauft werden.

Der Verkauf durch den Gläubiger selbst ist auch im Falle einer darauf gerichteten besonderen Verabredung ungültig.

1) §. 552. 2. Verfahren hinsichtlich der zu pfändenden Gegenstände. Die zu pfändenden Gegenstände müssen gehörig verzeichnet, sicher aufbewahrt und dann ordnungsmäßig verkauft werden.

Die Verzeichnung geschieht durch ein vom Gerichtsvoigte an Ort und Stelle aufzunehmendes, einen Theil des Pfändungsprotokolls bildendes Inventarium der dem Schuldner abgepfändeten Gegenstände und ist von diesem oder einem seiner Hausgenossen, zur Aushülfe wo thunlich von einem Nachbarn, zu unterschreiben. Ist zu besorgen, daß der Gläubiger aus dem Ertrage der in Beschlag genommenen Sachen seine vollständige Befriedigung nicht erhalten werde, so hat der Gerichtsvoigt im Pfändungsprotokolle auch diejenigen Gegenstände zu verzeichnen, welche er nach Vorschrift des §. 551 als von der Pfändung ganz oder noch zur Zeit frei angesehen hat.

Artikel IX.

Die im §. 141 des Allgemeinen Berggesetzes in Bezug genom-

Die gepfändeten Sachen müssen dann in sichere Verwahrung gebracht, Kostbarkeiten in's Gericht geliefert werden.

Ist das Wegbringen der Sachen aus dem Gewahrsame des Schuldners wegen ihres Umfanges oder aus sonstigen Gründen nicht thunlich oder mit unverhältnißmäßigen Kosten verbunden, so muß dem Schuldner vom Gerichtsvoigte aufgegeben werden, für deren unversehrte Aufbewahrung zu sorgen.

Sollen bewegliche Sachen, welche sich in den Händen eines Dritten befinden, gepfändet werden, so ist diesem bei Vermeidung eigenen Haftens deren Verabfolgung vom Gerichtsvoigte zu untersagen, und findet dabei das für die Beschlagnahme von Activforderungen vorgeschriebene Verfahren Statt. (§§. 555, 556.)

§. 553. 3. Auction. Sofort bei der Auspfändung ist zur öffentlichen Versteigerung der gepfändeten Sachen vom Gerichtsvoigte ein Termin anzusetzen und dieser im Pfändungsprotokolle zu bemerken. Gold- Silbersachen und Pretiosen hat der Gerichtsvoigt durch einen oder mehrere Sachverständige abschätzen, dasjenige aber, was sonst nach Gewicht oder Maaß verkauft zu werden pflegt, gehörig wägen und messen zu lassen.

Mit Einwilligung der Parteien kann erst später der Verkaufstermin angesetzt werden; auch ist bei solchen Gegenständen, welche dem Verderben ausgesetzt sind, mit deren Versteigerung oder Verkauf nach dem Schätzungswerthe ohne Aufschub zu verfahren.

Die Auction muß zeitig öffentlich oder auf eine Weise bekannt gemacht werden, die der mehreren oder minderen Wichtigkeit des Gegenstandes angemessen ist, in welcher Hinsicht der Gerichtsvoigt den bei freiwilligen Verkäufen geltenden Ortsgebrauch zu berücksichtigen hat. Sind die ausgepfändeten Sachen von vorzüglichem Werthe und an dem Orte der Auspfändung nicht wohl zu verkaufen, so müssen sie, nach vorgängiger Benachrichtigung des Schuldners, an einen anderen passenden Ort geschafft und hier versteigert werden.

Ueber die Auction selbst ist ein ordnungsmäßiges Protokoll aufzunehmen. Die Sachen sind dem Höchstbietenden zuzuschlagen und gegen baare Bezahlung auszuliefern, falls nicht mit Genehmigung der Parteien die Einzahlung des Kaufpreises gestundet ist.

Der Gläubiger ist befugt, Gold und Silber, wenn nicht der Taxwerth geboten wird, gegen diesen, so wie solche Gegenstände, auf welche gar nicht geboten wird, gegen den durch Sachverständige auszumittelnden Werth anzunehmen. Gläubiger und Schuldner können der Auction in Person oder durch Bevollmächtigte beiwohnen, doch darf der Schuldner, wie der Gerichtsvoigt und Ausrufer, weder selbst noch durch Andere mitbieten; der Schuldner kann aber die Reihenfolge, in der die Sachen zu versteigern sind, angeben.

menen Grundsätze der Preußischen Gesetzgebung über das den Eisenbahngesellschaften gegenüber bestehende Vorkaufs- und Wiederkaufsrecht, insbesondere die §§. 16 bis 19 des Gesetzes über die Eisenbahn-Unternehmungen vom 3. November 1838 (Gesetz-Sammlung für 1838 S. 505) [1]) kommen für den hier bezeichneten Fall

---

Zeigt sich beim Fortgange der Auction, daß durch den Verkauf der Sachen bereits so viel aufgekommen ist, wie zur vollständigen Befriedigung des Gläubigers und zur Bestreitung erfordert wird, so muß mit dem weiteren Verkaufe eingehalten werden.

Die gelöseten Kaufgelder sind nach Abzug der Kosten der Zwangsvollstreckung dem, welcher dieselbe ausgewirkt hat, soweit es die beizutreibende Summe erfordert, gegen Quittung vom Gerichtsvoigte auszuzahlen.

Nach Beendigung der Auction muß der Gerichtsvoigt dem Schuldner eine Abrechnung zustellen, ihm den Ueberschuß herausgeben und beiden Theilen auf Verlangen Abschrift oder Einsicht des Auctionsprotokolls gewähren.

1) Vergl. 1. Gesetz über die Eisenbahn-Unternehmungen. Vom 3. November 1838. (Gesetz-Sammlung von 1838 S. 505.)

§. 16. Hat die Gesellschaft ein nach §. 8 der Expropriation unterworfenes Grundstück, sei es durch Expropriation oder durch freien Vertrag erworben, so soll für dasselbe ein Anspruch sowohl auf Wiederkauf als auf Vorkauf eintreten, wenn in der Folge entweder die Anlage dieser Eisenbahn aufgegeben oder das Grundstück zu ihren Zwecken entbehrlich wird.

§. 17. Den Anspruch auf Wiederkauf und Vorkauf hat der zeitige Eigenthümer des durch den ursprünglichen Erwerb (§. 16) verkleinerten Grundstücks.

§. 18. Den Wiederkauf kann dieser Eigenthümer in solchem Fall zu jeder Zeit geltend machen; bestreitet die Gesellschaft das Dasein der im §. 16 bestimmten Bedingungen, so tritt richterliche Entscheidung ein. Die Gesellschaft kann von ihrer Seite den Eigenthümer auffordern, sich über die Ausübung dieses Rechts zu erklären, und er verliert dasselbe, wenn er nicht binnen zwei Monaten diese Erklärung abgiebt. Bei dem Wiederkauf zahlt der Eigenthümer den ursprünglichen Kaufpreis, nach Abzug der durch die bisherige Benutzung in dem Grundstück entstandenen Werthsverminderung. Dagegen kann die Gesellschaft keine Verbesserungen in Anrechnung bringen, wohl aber die von ihr auf diesem Boden etwa errichteten Gebäude oder andere Anlagen hinwegnehmen.

§. 19. Der Vorkauf tritt ein, wenn die Gesellschaft das entbehrlich gewordene Grundstück anderweit zu verkaufen Gelegenheit findet. Sie hat diese Absicht, sowie den angebotenen Kaufpreis dem nach §. 17 berechtigten Eigenthümer anzuzeigen, welcher sein Vorkaufsrecht verliert, wenn er sich nicht binnen zwei Monaten darüber erklärt. Unterläßt die Gesellschaft die Anzeige, so kann der Berechtigte seinen Anspruch gegen jeden Besitzer geltend machen.

2. Gesetz, betreffend die Ablösung der Reallasten und die Regulirung der gutsherrlichen und bäuerlichen Verhältnisse. Vom 2. März 1850. (Gesetz-Sammlung von 1850 S. 73.)

auch in dem Gebiete des vormaligen Königreichs Hannover in Anwendung.

Artikel X.

An die Stelle des ersten Absatzes des §. 166 des Allgemeinen Berggesetzes tritt die folgende Bestimmung:

Die bereits bestehenden Knappschaftsvereine bleiben in Wirksamkeit. Der gegenwärtige Titel findet jedoch auch auf sie Anwendung, und sind ihre Statuten mit den Vorschriften desselben in Uebereinstimmung zu bringen.

Artikel XI.

Zugleich mit den Strafvorschriften des Allgemeinen Berggesetzes tritt auch das Gesetz über die Bestrafung unbefugter Gewinnung oder Aneignung von Mineralien vom 26. März 1856 (Gesetz-Sammlung für 1856 S. 203) [1]) in Kraft.

---

§. 4. Das durch Verträge oder letztwillige Verfügungen begründete Vorkaufsrecht an Immobilien, das Vorkaufsrecht derjenigen, die eine Sache gemeinschaftlich zu vollem Eigenthum besitzen, an deren Antheilen, sowie das Retraktrecht der Miterben nach dem Rheinischen Civil-Gesetzbuch, bleiben in Kraft.

Ein gesetzliches Vorkaufsrecht findet ferner wegen aller Theile von Grundstücken statt, welche in Folge des von dem Staate ausgeübten oder verliehenen Expropriationsrechts zu gemeinnützigen Zwecken haben veräußert werden müssen, wenn in der Folge das expropriirte Grundstück ganz oder theilweise zu dem bestimmten Zweck nicht weiter nothwendig ist und veräußert werden soll.

Das Vorkaufsrecht steht dem zeitigen Eigenthümer des durch den ursprünglichen Erwerb verkleinerten Grundstücks zu. Wer das Expropriationsrecht ausgeübt hat, muß die Absicht der Veräußerung und den angebotenen Kaufpreis dem berechtigten Eigenthümer anzeigen, welcher sein Vorkaufsrecht verliert, wenn er sich nicht binnen zwei Monaten darüber erklärt. Wird die Anzeige unterlassen, so kann der Berechtigte seinen Anspruch gegen jeden Besitzer geltend machen.

1) **Gesetz über die Bestrafung unbefugter Gewinnung oder Aneignung von Mineralien. Vom 26. März 1856.**

Wir Friedrich Wilhelm, von Gottes Gnaden, König von Preußen 2c.,

verordnen, mit Zustimmung beider Häuser des Landtages Unserer Monarchie, was folgt:

§. 1. Wer ohne Befugniß bergbauliche Anlagen zur Gewinnung von Mineralien macht, welche der Staat sich vorbehalten hat, oder zu deren Gewinnung es einer Verleihung, einer Konzession oder einer Erlaubniß der Behörde bedarf, wird mit Geldbuße bis zu zweihundert Thalern oder Gefängniß bis zu drei Monaten bestraft.

Bis zur Aufhebung der gegenwärtig im Gebiete des vormaligen Königreichs Hannover bestehenden allgemeinen strafgesetzlichen Bestimmungen ist jedoch bei Gefängnißstrafen von mehr als drei Monaten statt der letzteren auf Arbeitshaus zu erkennen.

Artikel XII.

Die Besitz- und Rechtsverhältnisse in Bezug auf die Stein- und die Braunkohlen im Fürstenthum Calenberg, einschließlich der Grafschaft Spiegelberg, sollen wie bisher aufrecht erhalten werden.

Artikel XIII.

Auf den im vorstehenden Artikel bezeichneten Bergbau auf Stein- und Braunkohlen kommen jedoch der dritte Titel mit Ausnahme der §§. 50 bis 57, 63 und 65, der erste Abschnitt des fünften Titels, insofern es sich um die Grundabtretung behufs Anlage von Wegen, Eisenbahnen, Kanälen, Wasserläufen und Hülfsbauen handelt, der zweite Abschnitt des fünften Titels mit Ausnahme des §. 152, ferner der siebente, achte und neunte Titel, §. 241 des elften und §. 242 des zwölften Titels des Allgemeinen Berggesetzes zur Anwendung.

Die Strafe ist Geldbuße bis zu fünfhundert Thalern oder Gefängniß bis zu sechs Monaten, wenn die mittelst der Anlagen gewonnenen Mineralien weggenommen sind.

§. 2. Wer ohne Befugniß, jedoch ohne Errichtung bergbaulicher Anlagen, anstehende Mineralien, welche der Staat sich vorbehalten hat, oder zu deren Gewinnung es einer Verleihung, einer Konzession oder einer Erlaubniß der Behörde bedarf, in der Absicht wegnimmt, dieselben sich zuzueignen, wird mit Geldbuße bis zu fünfzig Thalern oder mit Gefängniß bis zu sechs Wochen bestraft.

Der Versuch, die Theilnahme, die Hehlerei und die Begünstigung wird mit gleicher Strafe bestraft.

§. 3. Wer bei Benutzung seines Bergeigenthums fahrlässigerweise die Grenzen seines Grubenfeldes überschreitet, hat Geldbuße bis zu fünfzig Thalern oder Gefängniß bis zu sechs Wochen verwirkt.

Geschieht eine solche Ueberschreitung der Grenze vorsätzlich, so finden die in dem §. 1 angedrohten Strafen Anwendung.

§. 4. Die rechtswidrige Zueignung schon gewonnener Mineralien ist nach den Bestimmungen des Strafgesetzbuchs über Diebstahl oder Unterschlagung zu bestrafen.

Urkundlich unter Unserer Höchsteigenhändigen Unterschrift und beigedrucktem Königlichen Insiegel.

Gegeben Potsdam, den 26. März 1856.

Friedrich Wilhelm.

Artikel XIV.

Rücksichtlich des Eisensteinbergbaues in dem im §. 42 des Kommunionharz-Theilungsrezesses vom 4. Oktober 1788 bezeichneten Bezirke behält es bei den Bestimmungen des letzteren sein Bewenden [1]).

Artikel XV.

Für den Eisensteinbergbau in den im Artikel XIV nicht ausgenommenen Theilen des Bezirks des Berg- und Forstamtes zu Clausthal, einschließlich des Amtes Elbingerode, wird das Folgende bestimmt:

§. 1. In Betreff der Feldesgröße ist die Bestimmung unter 1 des §. 27 des Berggesetzes maaßgebend.

§. 2. Die Eigenthümer der vom 1. Juli dieses Jahres an verliehenen Bergwerke sind nicht berechtigt, die Lieferung von freiem Grubenholz aus den Königlichen Forsten oder die unentgeltliche Abtretung der Benutzung von Königlichem oder Gemeinde-Grund und Boden zu erlangen.

Soweit dagegen den Eigenthümern der vor diesem Zeitpunkte verliehenen Bergwerke ein derartiger Anspruch zusteht, bleibt derselbe für diejenigen Bergwerke aufrecht erhalten, welche durch Eigenlöhner betrieben werden.

§. 3. Die Bergwerksbesitzer sind fortan hinsichtlich des Betriebes der Bergwerke und der Verfügung über den gewonnenen Eisenstein nur den allgemeinen gesetzlichen Bestimmungen unterworfen, insoweit nicht die Rechte Dritter entgegenstehen.

§. 4. Innerhalb des Amtes Elbingerode steht den nach §. 7 der Bergordnung vom $\frac{\text{21. März 1847}}{\text{8. Juni 1848}}$ für die Elbingeroder Eisensteingruben [2]) allein zum Muthen berechtigten Personen auch fernerhin die ausschließliche Befugniß zu, Muthungen auf Eisenstein einzulegen. Dagegen findet eine Beschränkung in der freien Befugniß, erworbene Muthungsrechte oder verliehene Bergwerke an Dritte zu veräußern, nicht statt.

§. 5. Das bisher bei dem Amte zu Elbingerode geführte Verleihbuch, sowie das von der Rothehütter Administration geführte

---

1) Vergl. die Motive.

2) Der §. 7 lautet:

„Zur Muthung sind nur hausbesitzende Bürger von Elbingerode berechtigt, welche selbst Grubenarbeit treiben." (Vergl. S. 44 ff. des Jahrg. VIII der Zeitschrift für Bergrecht.)

Lagerbuch sind zu schließen und an das ordentliche Gericht des Bezirkes abzugeben.

§. 6. In den Rechtsverhältnissen der Mitbetheiligten der am 1. Juli dieses Jahres im Besitze mehrerer Personen befindlichen Bergwerke wird durch dieses Gesetz nichts geändert. Jedoch finden die Bestimmungen des §. 134 des Allgemeinen Berggesetzes auch auf diese Bergwerke mit der Maaßgabe Anwendung, daß der bisherige Lehnträger die daselbst bezeichneten Geschäfte ohne Neuwahl eines Repräsentanten wahrzunehmen hat.

Durch einen von einer Mehrheit von wenigstens drei Viertheilen aller Antheile gefaßten Beschluß können die Mitbetheiligten eines solchen Bergwerks die im vierten Titel des Allgemeinen Berggesetzes (§§. 94 bis 132) enthaltene gewerkschaftliche Verfassung annehmen, soweit nicht vertragsmäßige Verabredungen entgegenstehen.

Der Beschluß ist gerichtlich oder notariell aufzunehmen.

Artikel XVI.

Dem Königlichen Fiskus steht, vorbehaltlich der bereits erworbenen Rechte Dritter, das ausschließliche Recht zum Bergbau auf alle von dem Verfügungsrechte des Grundeigenthümers ausgeschlossenen Mineralien in dem nachfolgenden Felde zu, welches begrenzt ist:

1) gegen Ost durch die Oker von der Einmündung des Langethals in dieselbe bis an die Landesgrenze oberhalb der Rhomker Brücke;

2) gegen Nord, West und Süd durch die Landesgrenze zwischen dem vormaligen Königreiche Hannover und dem Herzogthume Braunschweig in ihrer Erstreckung von der Oker bis zur Innerste, zum Lindthalskopf nördlich von Lautenthal, sowie weiter bis zur Laubhütte unterhalb Grund und den Eichelbach entlang bis zum Grenzstein 99 am Kalten Born und endlich bis zum Grenzstein No. 56 A am Harzwege;

3) gegen Südwest durch die gerade Linie, welche den Grenzstein No. 56 A am Harzwege mit der Mitte der Chausseebrücke über die Innerste bei der Ziegelhütte verbindet;

4) gegen Südost durch die gerade Linie zwischen der Mitte der Chausseebrücke über die Innerste bei der Ziegelhütte bis zum Vereinigungspunkte des Hellerthales und Polsterthales;

5) ferner gegen Südwest und Südost durch die gerade Linie von der Vereinigung des Hellerthales und Polsterthales bis

zur Mitte des Altenauer Hütten-Teichdammes, durch die ebenfalls gerade Linie von hier ab bis zur Vereinigung des Großen Gerlachsbaches mit der Röhrenbrunnenkappe, durch die Röhrenbrunnenkappe thalaufwärts bis zum Dammgraben und durch den Lauf des Dammgrabens bis zu dem Punkte, wo der erstere das Schneidewasser trifft;

6) gegen Ost durch die gerade Linie von diesem Punkte bis zur Vereinigung des Baches im kleinen Trogthal und der kleinen Hume;

7) gegen Nord durch die gerade Linie von der Vereinigung des Baches im kleinen Trogthal und der kleinen Hume bis zum Eintritt des oberen Wildschützenthales in das Langethal, durch das Langethal bis zu dessen Vereinigung mit der Oker.

Artikel XVII.

Die Muthung und Verleihung von Bergschmiede-Gerechtigkeiten findet nicht ferner statt. Die Befugnisse der Bergbehörde gegenüber den bestehenden Bergschmieden bleiben aufrecht erhalten.

Artikel XVIII.

Die künftige Verfassung und Verwaltung der Bergbaukasse zu Clausthal ist durch ein von dem Finanzminister und dem Minister für Handel, Gewerbe und öffentliche Arbeiten gemeinschaftlich zu erlassendes Statut zu regeln.

Artikel XIX.

Das Hannoversche Gesetz vom 21. Mai 1854 über Wahrnehmung der Handlungen der freiwilligen Gerichtsbarkeit in Bergsachen auf dem Oberharze ist aufgehoben [1]).

---

1) Dieses Gesetz lautet:

Georg der Fünfte, von Gottes Gnaden König von Hannover rc.

Ueber die Wahrnehmung der freiwilligen Gerichtsbarkeit in Bergsachen auf dem Oberharze erlassen Wir, unter verfassungsmäßiger Zustimmung der allgemeinen Ständeversammlung des Königreichs, das gegenwärtige Gesetz.

§. 1. Die freiwillige Gerichtsbarkeit bezüglich des unter der Verwaltung des Berg- und Forstamtes zu Clausthal stehenden Bergeigenthums, welche die Mitwirkung des dinglich zuständigen Richters erfordert, wird einem Bergrichter übertragen.

Von demselben können auch sonstige, das Bergeigenthum betreffende Handlungen der freiwilligen Gerichtsbarkeit wahrgenommen werden.

§. 2. Etwaige Beschwerden gegen Verfügungen der Bergrichters, welche die demselben überwiesene freiwillige Gerichtsbarkeit betreffen, sind an das Obergericht zu Osterode zu richten.

Die Wahrnehmung der bisher dem Bergrichter bezüglich des Bergeigenthumes im Bezirke des Berg- und Forstamtes zu Clausthal zugestandenen freiwilligen Gerichtsbarkeit geht auf die ordentlichen Gerichte über, an welche die bisher von dem Bergrichter geführten Bergbücher abzugeben sind.

Artikel XX.

Den Bergarbeitern steht in Beziehung auf die Rückstände an Lohn und anderen Emolumenten das Vorzugsrecht des §. 59 No. 4 des Hypothekengesetzes vom 14. Dezember 1864 zu [1]).

---

§. 3. Die Geschäfte des Bergrichters werden durch ein rechtsverständiges Mitglied des Berg- und Forstamtes zu Clausthal und in dessen Behinderung durch einen anderen Rechtsverständigen wahrgenommen.

Diese werden durch Unsere Ministerien der Justiz und der Finanzen gemeinschaftlich ernannt.

§. 4. Dem betreffenden Beamten sind zugleich die mit der Führung der Berg- und Verleihbücher verbundenen Verwaltungsgeschäfte zu übertragen.

Für seine Dienstthätigkeit in dieser Beziehung bleiben die Verordnung vom 9. August 1850 und die bestehenden Geschäftsordnungen für das Berg- und Forstamt maßgebend.

§. 5. Dieses Gesetz bezieht sich nicht auf die Verhältnisse des Eisensteinsbergbaues im Bezirke des Amtsgerichts Elbingerode.

§. 6. Alle diesem Gesetze entgegenstehenden Vorschriften, imgleichen auch die Verordnung vom 5. März 1816, betreffend die Ab- und Zuschreibung der Bergtheile oder Kuxen am Harze ꝛc. werden hierdurch aufgehoben.

§. 7. Dies Gesetz tritt mit dem 1. Junius dieses Jahres in Kraft, und werden Unsere Ministerien der Justiz und der Finanzen mit der Ausführung beauftragt.

Dasselbe soll durch die erste Abtheilung der Gesetzsammlung verkündigt werden.

Gegeben Hannover, den 21. Mai 1854.

(L. S.) Georg Rex.

Mit dem vorstehenden Gesetze stehet in Zusammenhang §. 9 des Gesetzes vom 14. December 1864 über das Pfandrecht ꝛc., welcher wörtlich lautet: „Hypotheken an dem unter der Verwaltung des Berg- und Forstamtes zu Clausthal stehenden Bergeigenthum, welche die Mitwirkung des Bergrichters erfordern, müssen in die Bergbücher eingetragen werden.“ Diese Eintragung hat in Zukunft der gewöhnliche Richter vorzunehmen.

1) Nachdem im §. 59 unter No. 1, 2 und 3 als absolut privilegirte Forderungen die Beerdigungskosten, die Kosten des Arztes und Apothekers, der Liethlohn nach Vorschrift der Verordnung vom 30. Juli 1830, welche sich auf Dienstverhältnisse mit Lohn und freier Beköstigung und daher auf Bergleute nicht beziehet, aufgezählt sind, folgen unter No. 4:

Artikel XXI.

Rücksichtlich der bisherigen Bergwerksabgaben, soweit dieselben an die Staatskassen zu entrichten sind, treten die nachfolgenden Bestimmungen mit dem 1. Juli dieses Jahres in Kraft:

§. 1. Die von den Eisenerzbergwerken bisher erhobenen Bergwerksabgaben sind aufgehoben.

§. 2. Der Bergwerkszehnte und die sonstigen Bergwerksabgaben, wie das Lehn- und Verschreibgeld sind aufgehoben. An deren Stelle tritt eine Bergwerkssteuer von zwei Prozent von dem Werthe der Produkte des Bergwerks zur Zeit des Absatzes der letzteren, ausschließlich der Eisenerzbergwerke.

Hinsichtlich der Erstattung eines verhältnißmäßigen Antheiles der Poch- Wasch- Hütten- und sonstigen Zubereitungskosten bei Erzbergwerken durch den Staat, sowie der Ermittelung, Feststellung und Einziehung der Bergwerkssteuer kommen die in den älteren Provinzen des Staates bestehenden Vorschriften zur Anwendung.

§. 3. Die auf privatrechtlichen Titeln beruhenden Befreiungen von den Bergwerksabgaben werden aufrecht erhalten. Ebenso werden die von dem Staate über Bergwerksabgaben abgeschlossenen Verträge durch die Vorschriften der §§. 1 und 2 nicht verändert.

Hinsichtlich der Aufhebung oder Ermäßigung dieser Bergwerksabgaben kommt das Gesetz vom 17. Juni 1863, betreffend die Abänderung des §. 13 des Gesetzes über die Besteuerung der Bergwerke vom 12. Mai 1851 (Gesetz-Sammlung für 1863 Seite 462) zur Anwendung.

Artikel XXII.

Mit dem 1. Juli 1867 sind aufgehoben: das gemeine deutsche Bergrecht, die sämmtlichen in den zum vormaligen Königreich Hannover gehörenden Landestheilen geltenden Bergordnungen, insbesondere auch die Bergordnung für den Eisensteinbergbau bei Elbingerode vom $\frac{\text{21. März 1847}}{\text{8. Juni 1848}}$, ferner alle übrigen allgemeinen und besonderen Gesetze, Verordnungen und Gewohnheiten über Gegenstände, auf welche das Berggesetz und die gegenwärtige Verordnung sich beziehen.

„Die Forderungen der Fabrikarbeiter, Tagelöhner und Handwerksgesellen auf einen rückständigen vierwöchigen Lohn unter der Voraussetzung, daß die vier Wochen, für welche der Lohn verdient ist, in die letzten sechs Monate vor Eröffnung des Concurses fallen und daß den genannten Personen wegen dieses Lohnes nicht das dem Liethlohne nach der Verordnung vom 30. Juli 1830 gebührende Privilegium zukommt.“

Urkundlich unter Unserer Höchsteigenhändigen Unterschrift und beigedrucktem Königlichen Insiegel.

Gegeben Berlin, den 8. Mai 1867.

(L. S.) Wilhelm.

(Gesetz-Sammlung von 1867 S. 601 bis 607.)

II. Verordnungen,

betr. die Bezirke und das Ressort der Bergbehörden im Gebiete des vormaligen Königreichs Hannover.

1. Königliche Verordnung vom 25. Mai 1867,

betr. die Bezirke und das Ressort der Oberbergämter im Gebiete des vormaligen Königreichs Hannover.

Wir Wilhelm, von Gottes Gnaden König von Preußen ꝛc.

verordnen hierdurch in Ausführung des §. 188 des Allgemeinen Berggesetzes vom 24. Juni 1865 (Gesetz-Sammlung für 1865 Seite 705), sowie der Verordnung vom 8. Mai dieses Jahres, betreffend die Einführung des Allgemeinen Berggesetzes vom 24. Juni 1865 in das Gebiet des vormaligen Königreichs Hannover (Gesetz-Sammlung für 1867 Seite 601), was folgt:

Artikel I.

Der Bezirk des Oberbergamtes zu Dortmund umfaßt vom 1. Juli dieses Jahres an auch die Landdrostei-Bezirke Osnabrück und Aurich des vormaligen Königreichs Hannover, wogegen alle übrigen Landestheile des letzteren von dem bezeichneten Zeitpunkte an den Bezirk des Berg- und Forstamtes zu Clausthal bilden. Dem Berg- und Forstamte zu Clausthal werden in seiner Eigenschaft als Bergbehörde alle Befugnisse und Obliegenheiten eines Oberbergamtes bis auf Weiteres beigelegt.

Artikel II.

Mit dem 1. Juli dieses Jahres sind die Verwaltungen der Domanial-Bergwerke, Steinbrüche, Hütten-, Hammerwerke und Salinen in den durch Artikel I bezeichneten Bezirken den für dieselben eingesetzten Oberbergämtern unterworfen.

Der Handelsminister ist mit der Ausführung dieser Verordnung beauftragt.

Urkundlich unter Unserer Höchsteigenhändigen Unterschrift und beigedrucktem Königlichen Insiegel.

Gegeben Berlin, den 25. Mai 1867.

(L. S.) Wilhelm.

(Gesetz-Sammlung von 1867 Seite 735.)

2. Verordnung des Handelsministers vom 1. Juni 1867,

betr. die Feststellung der Reviere in dem Gebiete des vormaligen Königreichs Hannover.

Auf Grund des §. 188 des Allgemeinen Berggesetzes vom 24. Juni 1865 und der Allerhöchsten Verordnung vom 25. Mai dieses Jahres bestimme ich hierdurch, daß vom 1. Juli dieses Jahres an

I. die Landdrosteien Osnabrück und Aurich einen Theil des Bergrevieres Hamm an der Lippe,

II. die Landdrostei Hildesheim und die Berghauptmannschaft Clausthal das Bergrevier Goslar,

III. die Landdrosteien Hannover, Lüneburg und Stade das Bergrevier Hannover

bilden sollen.

Das Königliche Oberbergamt zu Dortmund und das Königliche Berg- und Forstamt zu Clausthal sind mit der Ausführung und Bekanntmachung dieser Feststellung der Bergreviere durch die amtlichen Blätter beauftragt.

Berlin den 1. Juni 1867.

Der Minister für Handel, Gewerbe und öffentliche Arbeiten.

(gez.) Graf von Itzenplitz.

3. Bekanntmachung des Berg- und Forstamts zu Clausthal vom 7. Juni 1867,

betr. die Annahme der Muthungen.

Nachdem auf Grund einer Verordnung des Herrn Ministers für Handel, Gewerbe und öffentliche Arbeiten vom 1. Juni dieses Jahres

1. die Landdrostei Hildesheim und die Berghauptmannschaft Clausthal das Bergrevier Goslar, wie
2. die Landdrosteien Hannover, Lüneburg und Stade das Bergrevier Hannover

innerhalb unseres Verwaltungsdistriktes vom 1. Juli dieses Jahres ab bilden sollen, und mit Wahrnehmung der Revierbeamtengeschäfte

sub 1 der Bergassessor Schulz, wohnhaft zu Goslar,

sub 2 der Bergassessor Jung, wohnhaft zu Hannover,

betraut worden ist, haben wir gemäß §. 12 des Allgemeinen Berggesetzes vom 24. Juni 1865 vorgenannten beiden Revierbeamten die Annahme der Muthungen innerhalb der ihnen überwiesenen Bezirke vom 1. Juli dieses Jahres ab übertragen.

Zur An- und Aufnahme von Muthungen sind auf Grund Erlasses des Herrn Ministers für Handel, Gewerbe und öffentliche Arbeiten bei den Revierbeamten die Stunden von 8 bis 12 Uhr Vormittags und von 3 bis 6 Uhr Nachmittags an den Wochentagen ausschließlich bestimmt.

Außer diesen Dienststunden und außerhalb des Dienstlokals werden Muthungen nicht präsentirt und protokollarische Muthungen nicht aufgenommen.

An Sonn- und Feiertagen werden protokollarische Muthungen überhaupt nicht aufgenommen und die schriftlich eingehenden Muthungen nur während der Vormittagsstunden von 8 bis 9 Uhr präsentirt.

Die Muthungsgesuche sind nach §. 13 des Berggesetzes in zwei gleichlautenden Exemplaren einzulegen und sind stempelpflichtig.

Die Verwendung von Preußischem Stempelpapier oder Stempelmarken ist zur Zeit noch unzuläßig.

Clausthal, den 7. Juni 1867.

Königlich Preußisches Berg- und Forstamt.
(gez.) v. Linsingen.

(Staatsanzeiger von 1867 Seite 2314.)

III. Verordnung,

betreffend die Einführung des Allgemeinen Berggesetzes vom 24. Juni 1865 in das mit der Preußischen Monarchie vereinigte Gebiet des vormaligen Kurfürstenthums Hessen und der vormaligen freien Stadt Frankfurt, sowie der vormals Königlich Baierischen Landestheile.
Vom 1. Juni 1867.

Wir Wilhelm, von Gottes Gnaden König von Preußen rc.

verordnen für das mit Unserer Monarchie vereinigte Gebiet des vormaligen Kurfürstenthums Hessen und der vormaligen freien Stadt Frankfurt, sowie der vormals Königlich Baierischen Landestheile, auf den Antrag Unseres Staatsministeriums, was folgt:

Artikel I.

Das Allgemeine Berggesetz für die Preußischen Staaten vom 24. Juni 1865 (Gesetz=Sammlung für 1865 Seite 705) erlangt in dem mit Unserer Monarchie vereinigten Gebiete des vormaligen Kurfürstenthums Hessen und der vormaligen freien Stadt Frankfurt sowie der vormals Königlich Baierischen Landestheile unter nachfolgenden besonderen Bestimmungen mit dem 1. Juli 1867 Gesetzeskraft.

Artikel II.

Die von der Bergbehörde ertheilten Konzessionen oder geschehenen Verpachtungen zur Gewinnung solcher Mineralien, welche nach §. 1 des Berggesetzes dem Verfügungsrechte des Grundeigenthümers unterworfen sind, bleiben bis zu dem durch die Konzessions= oder Pacht=Urkunde festgesetzten Endtermine in Kraft.

Die Ertheilung neuer Konzessionen findet nicht ferner statt.

Artikel III.

Insofern aus den vor dem 1. Juli dieses Jahres ertheilten Schürfscheinen ein ausschließliches Schurfrecht auf ein bestimmtes Feld herzuleiten ist, behalten dieselben ihre bisherige Kraft für die Zeit, auf welche sie ertheilt sind. Schürfscheine solcher Art, welche auf unbestimmte Zeit ertheilt sind, verlieren ihre Kraft mit dem 1. Juli 1868.

Artikel IV.

Hinsichtlich der Feldesgröße ist die Bestimmung unter 2 des §. 27 des Berggesetzes maaßgebend.

Unter den im Berggesetze in Bezug genommenen Maaßen sind überall die Preußischen Maaße zu verstehen.

Artikel V.

Auf das Bergwerkseigenthum finden hinsichtlich der Veräußerung, Verpfändung und des Arrestes die allgemeinen gesetzlichen Vorschriften, welche in dieser Beziehung für das Grundeigenthum in den im Artikel I bezeichneten Landestheilen gelten, Anwendung. Ebenso bleiben die Bestimmungen der allgemeinen Gesetze jener Landestheile hinsichtlich der Exekution, des Konkurses und der Rangordnung der Gläubiger unverändert, soweit nicht diese Verordnung abweichende Vorschriften enthält.

Artikel VI.

Das Bergwerkseigenthum wird durch die vom Oberbergamte ertheilte Verleihung oder bestätigte Konsolidation, Theilung oder Vertauschung von Grubenfeldern und Feldestheilen erworben (§§. 50, 41, 51 des Berggesetzes), und bildet einen selbstständigen Gegenstand der Eintragung in die Spezial- und General-Währschafts- und Hypothekenbücher. Die Führung dieser Bücher richtet sich auch bezüglich des Bergwerkseigenthums nach den für das Grundeigenthum gegebenen allgemeinen gesetzlichen Bestimmungen; jedoch genügt bei der Eintragung von Verleihungen, Konsolidationen, Theilungen und dem Austausch von Feldestheilen die Vorlegung der oberbergamtlichen Verleihungs- und Bestätigungs-Urkunden. Erstreckt sich das Feld eines Bergwerks in mehrere Gerichtsbezirke, so hat hinsichtlich der Kompetenz zur Führung der Währschafts- und Hypothekenbücher, sowie zur Aufnahme der das Bergwerkseigenthum oder dingliche Berechtigungen an demselben betreffenden Akte der freiwilligen Gerichtsbarkeit das den verschiedenen Gerichten zunächst gemeinsame höhere Gericht die erforderliche Entscheidung zu treffen.

Artikel VII.

Die bisher von den Bergbehörden geführten Berggewährschafts-, Berglehn- und Berggegenbücher sind zu schließen und an die ordentlichen Gerichte abzugeben.

Artikel VIII.

Die im §. 141 des Berggesetzes in Bezug genommenen Grundsätze der Preußischen Gesetzgebung über das den Eisenbahngesellschaften gegenüber bestehende Vorkaufs- und Wiederkaufsrecht, insbesondere die §§. 16 bis 19 des Gesetzes über die Eisenbahnunternehmungen vom 3. November 1838 (Gesetz-Sammlung für 1838 Seite 505) [1]) kommen für den hier bezeichneten Fall gleichfalls in Anwendung.

Artikel IX.

An die Stelle des ersten Absatzes des §. 166 des Berggesetzes tritt die folgende Bestimmung:

Die bereits bestehenden Knappschaftsvereine bleiben in Wirksamkeit. Der gegenwärtige Titel findet jedoch auch auf sie Anwendung, und sind ihre Statuten mit den Vorschriften desselben in Uebereinstimmung zu bringen.

Artikel X.

Zugleich mit den Strafvorschriften des Berggesetzes tritt auch das Gesetz über die Bestrafung unbefugter Gewinnung oder Aneignung von Mineralien vom 26. März 1856 (Gesetz-Sammlung für 1856 Seite 203) in Kraft [2]).

Artikel XI.

Den Bergarbeitern steht in den Fällen des §. 249 des Berggesetzes in Beziehung auf die Rückstände aus dem letzten Jahre an Lohn und anderen Emolumenten das dem Gesinde und den vom Schuldner beköstigten Dienern eingeräumte Vorzugsrecht zu.

Artikel XII.

Die Insinuation von Verfügungen der Bergbehörde kann rechtsgültig durch die Post bewirkt werden. Wird die Verfügung als unbestellbar von der Post zurückgeliefert, so erfolgt die Insinuation durch öffentlichen Aushang am Amtslokale der betreffenden Bergbehörde. Hat die Verfügung während vierzehn Tagen ausgehangen, so ist die Zustellung für bewirkt zu erachten.

Artikel XIII.

Privat-Hüttenwerke, Wassergefälle und Aufbereitungsanstalten und andere Anlagen, welche nicht unter die Vorschriften des Berggesetzes fallen, gehören fortan zum Ressort der gewöhnlichen Verwaltungsbehörden.

Artikel XIV.

Für das Gebiet des vormaligen Kurfürstenthums Hessen werden die folgenden besonderen Bestimmungen getroffen:

---

1) Vergl. oben Seite 5 Note 1.

2) Vergl. oben Seite 6 Note 1.

§. 1. Die nach den Bestimmungen des Berggesetzes eintretende Subhastation eines Bergwerks oder eines Antheiles desselben erfolgt je nach den Voraussetzungen des vorliegenden Falles entweder im Wege der Zwangsversteigerung, insoweit sich nicht eine Modifikation des hierbei vorgeschriebenen Verfahrens aus dem Berggesetze ergiebt, oder in Gemäßheit des bei sonstigen nothwendigen gerichtlichen Versteigerungen oder freiwilligen gerichtlichen Versteigerungen hergebrachten Verfahrens.

Die gerichtliche Mobiliarversteigerung ist, insoweit nicht in dieser Beziehung besondere Bestimmungen durch das Berggesetz (§. 238) getroffen sind, zwar nach den bestehenden Vorschriften des Kurhessischen Rechts, jedoch ausschließlich Seitens des Aktuariates zu vollziehen; auch soll die Bestimmung in Ansehung der Anberaumung des Verkaufstermines, sowie der Art der öffentlichen Bekanntmachung dem Ermessen des Gerichtes überlassen sein.

§. 2. Das nach §. 129 des Berggesetzes stattfindende gerichtliche Verfahren ist unter Beobachtung der im §. 6 des Kurhessischen Gesetzes vom 30. Oktober 1834 über die Abtretungen zu öffentlichen Zwecken [1]) festgesetzten Fristen und Termine zur schleunigen Erledigung zu bringen.

§. 3. Bei der zwangsweisen Grundabtretung findet, außer dem durch §. 146 des Berggesetzes vorgesehenen Falle, die gerichtliche

1) Der §. 6 dieses Gesetzes (Kurhessische Gesetz-Sammlung für 1834 Seite 165) lautet:

„Ist die definitive Entscheidung des Ministeriums auf Abtretung erfolgt oder sind — bei Entscheidung einer Oberbehörde — drei Tage, ohne Anzeige eines Recurses, oder falls eine solche vorliegt, vierzehn Tage ohne eingegangene Recurs-Ausführung verflossen, so ist nunmehr das Untergericht der belegenen Sache, unter abschriftlicher Mittheilung der Entscheidung, anzugehen, durch Sachkundige den Werth des in Anspruch genommenen Gegenstandes, mit Berücksichtigung der darauf haftenden Lasten und der Nutzungs- oder sonstigen Rechte (§. 8), ausmitteln und feststellen zu lassen. Das gerichtliche Verfahren ist hierbei das gewöhnliche, jedoch möglichst zu beschleunigen, insbesondere durch Anberaumung höchstens achttägiger Termine und Fristen, durch Ertheilung der Verfügungen und Vorbescheide in vier und zwanzig Stunden, durch Fällung des Enderkenntnisses spätestens binnen drei Tagen und durch unverzügliche Ausfertigung und Bekanntmachung jeder Verfügung und jedes Bescheides.

Es finden zwar die gewöhnlichen Rechtsmittel in diesem gerichtlichen Verfahren statt; jedoch ist die Beschwerdeschrift innerhalb acht Tagen bei dem

Deposition auch in den durch §. 11 des Kurhessischen Gesetzes vom 30. Oktober 1834 über die Abtretungen zu öffentlichen Zwecken [1]) festgesetzten Fällen statt.

§. 4. Die Vorschriften des §. 14 des letzteren Gesetzes [2]) finden auf die zwangsweise Grundabtretung zu bergbaulichen Zwecken gleichfalls Anwendung.

Untergericht einzureichen und von diesem mit Bericht, unter Beifügung der Original-Akten, binnen drei Tagen an das obere Gericht einzusenden, von letzterem aber die Entscheidung binnen vierzehn Tagen zu ertheilen. Das Rechtsmittel der Wiedereinsetzung in den vorigen Rechtsstand soll überall keine aufschiebende Wirkung haben.

Die betreffenden Gerichtspersonen werden für jeden, durch ihre Verzögerung entstehenden Schaden persönlich verantwortlich gemacht."

1) Die §§. 10 und 11 dieses Gesetzes lauten:

§. 10. Verweigert der zu Entschädigende die Annahme der, in einem nach §. 4 aufgestellten Protokolle oder gerichtlich festgesetzten Entschädigung, oder ist derselbe abwesend und hat keinen Bevollmächtigten bestellt, so kann solche mit der rechtlichen Wirkung der Zahlung bei dem Gerichte der belegenen Sache hinterlegt werden.

§. 11. Gleiches findet statt,

1. wenn neben dem Eigenthümer noch andere dinglich Berechtigte vorhanden und deren Ansprüche auf verhältnißmäßige Antheile an der Entschädigung nicht sofort ermittelt oder durch Vertrag abgefunden sind, sowie auch, wenn der in Anspruch genommene Gegenstand Lehen- und Stammgut ist;
2. wenn der Gegenstand mit Special-Hypothek behaftet ist, insofern nicht eine Privat-Uebereinkunft mit dem Pfandgläubiger, durch welche ein Anderes bestimmt ist, sofort beigebracht wird;
3. wenn das Eigenthum bestritten ist, oder ein Dritter gegen die Auszahlung Einwendungen macht.

In allen diesen unter 1 bis 3 genannten Fällen finden keine Depositionsgebühren statt, und sind zugleich die hinterlegten Gelder von demjenigen, zu dessen Gunsten die Abtretung geschieht, noch ein Vierteljahr lang mit vier vom Hundert zu verzinsen.

2) Der §. 14 bestimmt:

Bei einer Abtretung des Eigenthums zu öffentlichen Zwecken bedarf es keiner Dispensation von den Vorschriften

1. des öffentlichen Ausgebots bei Gericht, hinsichtlich der Grundstücke Minderjähriger oder sonstiger Personen, bei denen ein solches Ausgebot erforderlich ist,
2. der Nichtveräußerung unter einem halben Acker, und
3. der Erlaubniß zu Entlassung des betreffenden Grundstücks aus einem Hufen- oder dergleichen Verbande.

§. 5. Die Ueberschreibung in die Währschafts- und Hypothekenbücher geschieht auf Grund der Vorlage des im §. 144 des Berggesetzes erwähnten, im Verwaltungswege rechtskräftigen Expropriationsbeschlusses.

Artikel XV.

Den im §. 1 des Berggesetzes aufgeführten Mineralien wird für die Herrschaft Schmalkalden der Schwerspath hinzugefügt.

Artikel XVI.

Das ausschließliche Recht zur Gewinnung der Steinkohlen in der Grafschaft Schaumburg bleibt den nach dem Exekutionsabschiede vom 12. Dezember 1647 zum Bergbau auf Steinkohlen Berechtigten allein vorbehalten.

Artikel XVII.

Rücksichtlich der bisherigen Bergwerksabgaben, soweit dieselben an die Staatskassen zu entrichten sind, treten die nachfolgenden Bestimmungen mit dem 1. Juli dieses Jahres in Kraft:

§. 1. Die von den Eisenerzbergwerken bisher erhobenen Bergwerksabgaben sind, vorbehaltlich der Bestimmungen des §. 3 dieses Artikels, aufgehoben.

§. 2. Der Bergwerkszehnte, die Rezeß- und Quatembergelder, die nach dem Königlich Baierischen Gesetze vom 1. Juli 1856 zu entrichtende Bergwerksabgabe von fünf Prozent der Verlagserstattung oder Ausbeute und die sonstigen Bergwerksabgaben sind aufgehoben. An deren Stelle tritt für sämmtliche Bergwerke, ausschließlich der Eisenerzbergwerke, eine Bergwerkssteuer von zwei Prozent von dem Werthe der Produkte des Bergwerks zur Zeit des Absatzes der letzteren.

Hinsichtlich der Erstattung eines verhältnißmäßigen Antheiles der Poch- Wasch- Hütten- und sonstigen Zubereitungskosten bei Erzbergwerken durch den Staat, sowie der Ermittelung, Feststellung und Einziehung der Bergwerkssteuer kommen die in den älteren Provinzen des Staates bestehenden Vorschriften zur Anwendung.

§. 3. Die auf privatrechtlichen Titeln beruhenden Befreiungen von den Bergwerksabgaben werden aufrecht erhalten.

Ebenso werden die von dem Staate über Bergwerksabgaben abgeschlossenen Verträge durch die Vorschriften der §§. 1 und 2 nicht verändert. Dasselbe gilt rücksichtlich der in der Herrschaft Schmalkalden von einzelnen Eisensteinbergwerken bisher erhobenen Zug-

und Verkauf-, Zug- und Meßgelder, der Zettelgelder, sowie der Ersatzabgabe für die durch die Gewerbeordnung vom 14. Februar 1827 aufgehobenen Abgaben.

Hinsichtlich der gänzlichen Aufhebung oder Ermäßigung dieser Bergwerksabgaben kommt das Gesetz vom 17. Juni 1863, betreffend die Abänderung des §. 13 des Gesetzes über die Besteuerung der Bergwerke vom 12. Mai 1851 (Ges.-Samml. für 1863 S. 462) zur Anwendung.

§. 4. Die von der Bergbehörde bisher erhobenen Konzessionsgelder von Steinbrüchen, Thon- Lehm- und Sandgruben u. s. w., sowie die von einzelnen Steinbrüchen erhobenen besonderen Abgaben sind für die Dauer der ertheilten Berechtigung fort zu entrichten, soweit nicht die letzteren Steinbrüche auf Grund des §. 222 des Berggesetzes als Bergwerke anzusehen und demgemäß der durch §. 2 dieses Artikels bestimmten Bergwerkssteuer in Zukunft unterworfen sind.

Artikel XVIII.

Mit dem 1. Juli 1867 sind aufgehoben: das gemeine deutsche Bergrecht, die sämmtlichen in den im Artikel I bezeichneten Landestheilen geltenden Bergfreiheiten und Bergordnungen, insbesondere auch die Hessische Bergfreiheit vom 21. März 1616, die Hessische Bergordnung vom Jahre 1616, die Bergordnung für Schmalkalden vom 14. November 1726, die Hanauische Bergordnung vom Jahre 1542, die Markgräflich Brandenburgische Bergordnung vom 1. Dezember 1619, die bergrechtlichen Vorschriften des Preußischen Allgemeinen Landrechts, die Baierische Bergordnung vom 6. Mai 1784, das Baierische organische Edikt vom 14. September 1809, die Berggerichtsverfassung betreffend, die §§. 3 bis 10 der Vorschriften über den Vollzug des Hypothekengesetzes vom 1. Juni 1822 in Beziehung auf Bergbaurealitäten vom 31. Juli 1830,[1]) das Baierische Gesetz vom 1. Juli 1856 über die Abgaben von den Bergwerken, die gesetzlichen Vorschriften über die Verfassung der Bergbehörden, ferner

---

1) Die nicht aufgehobenen §§. 1 und 2 der obigen Baierischen Vorschriften lauten:

Instruktive Vorschriften über den Vollzug des Hypothekengesetzes vom 1. Junius 1822 in Beziehung auf Bergbau-Realitäten.

§. 1. Bei jedem Gerichte, in dessen Gerichtsbezirke Bergbau-Realitäten gelegen sind, ist hinsichtlich dieser Realitäten ein eigener Band des Hypothekenbuches und nach Bedürfniß sind zwei oder mehrere Bände anzulegen. Die Anlegung hat in allen Beziehungen nach Maßgabe der am 18. Mai 1823

alle übrigen allgemeinen und besonderen Gesetze, Verordnungen und

---

(Regierungs-Blatt von 1823, Stück XVII S. 499 ff.) erlassenen Instruktion über den Vollzug des Hypothekengesetzes vom 1. Junius 1822 zu geschehen.

§. 2. Bei der ersten, unverzüglich zu bewirkenden Anlegung des bergwerklichen Hypothekenbuches bei den Gerichten machen die bei den Bergämtern vorhandenen Berggegenbücher die vorzüglichste Quelle aus.

Daraus sind hinsichtlich derjenigen Bergbau-Realitäten, auf welche darin noch nicht gelöschte Hypotheken eingetragen sind, sowie es das Hypothekengesetz und die zu dessen Vollzug erlassene Instruktion mit sich bringt, zu übertragen:

1. der Name und die Lage der betreffenden Bergwerks-Realität, mit genauer Bestimmung der Größe des zum Bergbaue verliehenen Feldes, der Fundgruben und Maaßen, der Anzahl der Antheile, der Kuxen 2c. welche der schuldende Gewerke an diesem Bergbaue besitzt;
2. die Eigenschaften und Grundbarkeits - Verhältnisse dieser Bergwerks-Realität;
3. die darauf etwa haftenden Reallasten;
4. die Werthsbestimmung, soweit deren Eintragung in das Hypothekenbuch nothwendig ist (s. auch §. 3 und 10);
5. der oder die Eigenthümer;
6. die Eigenthumsbeschränkungen;
7. die auf eine solche Realität bereits eingetragenen Hypotheken;
8. die allenfalls eingelegten Protestationen.

Die Publikation der vorbezeichneten „instruktiven Vorschriften" erfolgte auf Grund der nachstehenden Königlichen Verordnung:

Verordnung, die Führung des Hypothekenamtes über Bergbau-Realitäten betreffend.

Ludwig, von Gottes Gnaden König von Bayern 2c.

Wir haben die zwischen einigen Gerichten und Bergämtern entstandenen Kompetenzkonflikte über die Führung des Hypothekenamtes über Bergbau-Realitäten nach Vernehmung Unseres Staatsrathes dahin entschieden, daß die Führung dieses Hypothekenamtes nicht den Bergämtern, sondern den im Hypothekengesetze benannten Gerichten zuständig sei.

Wir haben uns jedoch der dabei eintretenden eigenthümlichen Verhältnisse wegen weiter bewogen gefunden, anzuordnen, daß von den Gerichten mit den Bergämtern stets ein geeignetes Benehmen zu pflegen, die Art desselben durch eine von Unseren Ministerien zu veranlassende Spezialvorschrift festzusetzen und zu eigener Maßnahme von Seite der Bergwerks-Interessenten das Erforderliche öffentlich bekannt zu machen sei.

Zu diesem Ende haben Wir durch Unser Justiz- und Finanz-Ministerium besondere instruktive Vorschriften über den Vollzug des Hypothekengesetzes vom 1. Junius 1822 in Beziehung auf Bergbau-Realitäten entwerfen lassen, und Wir verordnen, indem Wir diese instruktiven Vorschriften als Nachtrag zu

Gewohnheiten über Gegenstände, auf welche das Berggesetz und die gegenwärtige Verordnung sich beziehen.

Urkundlich unter Unserer Höchsteigenhändigen Unterschrift und beigedrucktem Königlichen Insiegel.

Gegeben Berlin, den 1. Juni 1867.

(L. S.) Wilhelm.

(Gesetz-Sammlung von 1867 S. 770.)

IV. Verordnungen,

betreffend die Bezirke und das Ressort der Bergbehörden im Gebiete des vormaligen Kurfürstenthums Hessen und der vormaligen freien Stadt Frankfurt, sowie der vormals Königlich Baierischen Landestheile.

1. Königliche Verordnung vom 24. Juni 1867,

betr. die Bezirke und das Ressort der Oberbergämter im Gebiete des vormaligen Kurfürstenthums Hessen und der vormaligen freien Stadt Frankfurt, sowie der vormals Königlich Baierischen Landestheile.

Wir Wilhelm, von Gottes Gnaden König von Preußen 2c.

verordnen hierdurch in Ausführung des §. 188 des Allgemeinen Berggesetzes vom 24. Juni 1865 (Gesetz-Sammlung für 1865 S. 705), sowie der Verordnung vom 1. Juni dieses Jahres, betreffend die Einführung des Allgemeinen Berggesetzes in das mit der Preußischen Monarchie vereinigte Gebiet des vormaligen Kurfürstenthums Hessen und der vormaligen freien Stadt Frankfurt, sowie der vormals Königlich Baierischen Landestheile (Gesetz-Sammlung für 1867 S. 770), was folgt:

---

der über den Vollzug des Hypothekengesetzes überhaupt erlassenen Instruktion (Regierungs-Blatt von 1823, Stück XVII S. 499 ff.) zur öffentlichen Kenntniß bringen lassen, daß sich Unsere Hypothekenämter und Unsere Bergämter in denjenigen Theilen des Königreichs, in welchen Berg- und Hüttenwerke bestehen, hiernach richten und benehmen sollen.

Bad-Brückenau, den 31. Juli 1830.

(gez.) Ludwig.

Artikel I.

Der Bezirk des Oberbergamtes zu Bonn umfaßt auch das Gebiet der vormaligen freien Stadt Frankfurt und der Bezirk des Oberbergamtes zu Halle die vormals Königlich Baierische Enklave Kaulsdorf.

Artikel II.

Der Oberberg= und Salzwerks=Direction zu Kassel werden bis auf Weiteres alle Befugnisse und Obliegenheiten eines Oberbergamtes beigelegt. Der Bezirk derselben umfaßt das mit Unserer Monarchie vereinigte Gebiet des vormaligen Kurfürstenthums Hessen und der vormals Königlich Baierischen Landestheile, ausschließlich der Enklave Kaulsdorf.

Artikel III.

Die Verwaltungen der Domanial=Bergwerke, Hütten= und Hammerwerke, Salinen, Thongruben und Steinbrüche bleiben wie bisher der denselben vorgesetzten Oberbergbehörde unterstellt.

Artikel IV.

Die gegenwärtige Verordnung tritt mit dem 1. Juli dieses Jahres in Kraft und ist der Minister für Handel, Gewerbe und öffentliche Arbeiten mit der Ausführung derselben beauftragt.

Urkundlich unter Unserer Höchsteigenhändigen Unterschrift und beigedrucktem Königlichen Insiegel.

Gegeben Berlin, den 24. Juni 1867.

(L. S.) Wilhelm.

(Gesetz=Sammlung von 1867 Nr. 6698.)

2. Verordnung des Handelsministers vom 11. Juni 1867,

betr. die Feststellung der Reviere für das Gebiet des vormaligen Kurfürstenthums Hessen und der vormaligen freien Stadt Frankfurt, sowie der vormals Königlich Baierischen Landestheile.

Auf Grund des §. 188 des Allgemeinen Berggesetzes bestimme ich hierdurch, was folgt:

I. die Enklave Kaulsdorf bildet vom 1. Juli dieses Jahres an einen Theil des Bergreviers Kamsdorf;

II. das Gebiet der vormals freien Stadt Frankfurt gehört von demselben Zeitpunkte an zu dem Bergreviere Wiesbaden;

III. 1. die Grafschaft Schaumburg und die Kreise Kassel, Witzenhausen, Melsungen, Hofgeismar, Fritzlar, Homberg, Wolfhagen, Marburg, Frankenberg, Kirchhain und Ziegenhain bilden vom

1. Juli dieses Jahres an das Bergrevier Kassel mit dem Reviersitze Kassel;

2. die Kreise Eschwege, Rotenburg, Hersfeld, Hünfeld, Fulda, Gersfeld, Schlüchtern, Hanau und Gelnhausen, einschließlich des vormals Königlich Baierischen Bezirkes Orb, bilden von dem bezeichneten Tage an das Bergrevier Fulda mit dem Reviersitze Fulda;

3. die Herrschaft Schmalkalden mit dem Reviersitze Schmalkalden wird bis auf Weiteres als ein besonderes Bergrevier beibehalten;

4. die bisherigen Berg-, Salz- und Fabrikämter des vormaligen Kurfürstenthums Hessen bleiben, insofern dieselben fiskalische Werke verwalten, als Werksverwaltungen fortbestehen. Die Bergämter, welche zugleich Hüttenwerke verwalten, führen jedoch vom 1. Juli dieses Jahres an die Bezeichnung „Hüttenämter“, während diejenigen Bergämter, welche ausschließlich die Verwaltung von Bergwerken, Steinbrüchen, Thongruben und dergleichen wahrzunehmen haben, die Bezeichnung „Berg-Inspektionen“ führen sollen.

Berlin, den 11. Juni 1867.

Der Minister für Handel, Gewerbe und öffentliche Arbeiten.

(gez.) Itzenplitz.

Bonn, Druck von Carl Georgi.

Allgemeines

Berggesetz

für die

Preußischen Staaten

vom 24. Juni 1865.

Bonn,

bei Adolph Marcus.

1867.

Wir Wilhelm, von Gottes Gnaden König von Preußen ꝛc. verordnen mit Zustimmung beider Häuser des Landtages für den ganzen Umfang der Monarchie, was folgt:

Erster Titel.

Allgemeine Bestimmungen.

§. 1. Die nachstehend bezeichneten Mineralien sind von dem Verfügungsrechte des Grundeigenthümers ausgeschlossen.

Die Aufsuchung und Gewinnung derselben unterliegt den Vorschriften des gegenwärtigen Gesetzes.

Diese Mineralien sind:

Gold, Silber, Quecksilber, Eisen mit Ausnahme der Raseneisenerze, Blei, Kupfer, Zinn, Zink, Kobalt, Nickel, Arsenik, Mangan, Antimon und Schwefel, gediegen und als Erze,

Alaun- und Vitriolerze,

Steinkohle, Braunkohle und Graphit,

Steinsalz nebst den mit demselben auf der nämlichen Lagerstätte vorkommenden Salzen und die Soolquellen.

§. 2. Der Erwerb und Betrieb von Bergwerken für Rechnung des Staates ist den Bestimmungen des gegenwärtigen Gesetzes ebenfalls unterworfen.

An den Rechten des Staates bezüglich des Salzhandels wird durch dieses Gesetz nichts geändert.

Zweiter Titel.

Von der Erwerbung des Bergwerkseigenthums.

Erster Abschnitt.

Vom Schürfen.

§. 3. Die Aufsuchung der im §. 1 bezeichneten Mineralien auf ihren natürlichen Ablagerungen — das Schürfen — ist unter Befolgung der nachstehenden Vorschriften einem Jeden gestattet.

§. 4. Auf öffentlichen Plätzen, Straßen und Eisenbahnen, sowie auf Friedhöfen ist das Schürfen unbedingt untersagt.

Auf anderen Grundstücken ist das Schürfen unstatthaft, wenn nach der Entscheidung der Bergbehörde überwiegende Gründe des öffentlichen Interesses entgegenstehen.

Unter Gebäuden und in einem Umkreise um dieselben bis zu zweihundert Fuß, in Gärten und eingefriedigten Hofräumen darf nicht geschürft werden, es sei denn, daß der Grundbesitzer seine ausdrückliche Einwilligung hierzu ertheilt hat.

§. 5. Wer zur Ausführung von Schürfarbeiten fremden Grund und Boden benutzen will, hat hierzu die Erlaubniß des Grundbesitzers nachzusuchen.

Mit Ausnahme der im §. 4 bezeichneten Fälle muß der Grundbesitzer, er sei Eigenthümer oder Nutzungsberechtigter, das Schürfen auf seinem Grund und Boden gestatten.

§. 6. Der Schürfer ist verpflichtet, dem Grundbesitzer für die entzogene Nutzung jährlich im Voraus vollständige Entschädigung zu leisten und das Grundstück nach beendigter Benutzung zurückzugeben, auch für den Fall, daß durch die Benutzung eine Werthsverminderung des Grundstücks eintritt, bei der Rückgabe den Minderwerth zu ersetzen.

Für die Erfüllung dieser letzteren Verpflichtung kann der Grundbesitzer schon bei der Abtretung des Grundstücks die Bestellung einer angemessenen Kaution von dem Schürfer verlangen.

§. 7. Die dem Grundeigenthümer im letzten Satze des §. 137 und in den §§. 138, 139 und 141 eingeräumten Rechte stehen demselben auch gegen den Schürfer zu.

§. 8. Kann der Schürfer sich mit dem Grundbesitzer über die Gestattung der Schürfarbeiten nicht gütlich einigen, so entscheidet das Oberbergamt durch einen Beschluß darüber, ob und unter welchen Bedingungen die Schürfarbeiten unternommen werden dürfen.

Das Oberbergamt darf die Ermächtigung nur in den Fällen des §. 4 versagen.

Dasselbe setzt beim Mangel einer Einigung unter den Betheiligten die Entschädigung und die Kaution (§. 6) in Gelde fest. Gegen diese Festsetzung findet der Rekurs nicht statt.

Wegen der Kosten kommt der §. 147 zur Anwendung.

§. 9. Durch Beschreitung des Rechtsweges wird, wenn dieselbe nur wegen der Festsetzung der Entschädigung oder der Kaution erfolgt, der Beginn der Schürfarbeiten nicht aufgehalten, vorausgesetzt, daß die Entschädigung an den Berechtigten gezahlt oder bei verweigerter Annahme gerichtlich deponirt, desgleichen die gerichtliche Deposition der Kaution geschehen ist.

§. 10. In den Feldern fremder Bergwerke darf nach denjenigen Mineralien geschürft werden, auf welche der Bergwerkseigenthümer Rechte noch nicht erworben hat.

Bedrohen jedoch solche Schürfarbeiten die Sicherheit der Baue oder den ungestörten Betrieb des Bergwerks, so hat die Bergbehörde dieselben zu untersagen.

Der Bergwerksbesitzer kann verlangen, daß der Schürfer ihm vor Beginn der Schürfarbeiten eine angemessene Kaution für die etwa zu leistende Entschädigung bestellt.

Auf diese Kaution finden die §§. 8 und 9 Anwendung.

§. 11. Der Schürfer ist befugt, über die bei seinen Schürfarbeiten geförderten Mineralien (§. 1) zu verfügen, insofern nicht bereits Dritte Rechte auf dieselben erworben haben.

Hinsichtlich der Entrichtung der Bergwerksabgaben kommen die für die Bergwerke maßgebenden Vorschriften zur Anwendung.

Zweiter Abschnitt.

Vom Muthen.

§. 12. Das Gesuch um Verleihung des Bergwerkseigenthums in einem gewissen Felde — die Muthung — muß bei dem Oberbergamte angebracht werden.

Das Oberbergamt hat die Befugniß, für bestimmte Reviere die Annahme der Muthungen den Revierbeamten zu überweisen.

Dieser Auftrag muß durch das Regierungsamtsblatt und den Staatsanzeiger bekannt gemacht werden.

§. 13. Die Muthung ist schriftlich in zwei gleichlautenden Exemplaren einzulegen.

Jedes Exemplar wird mit Tag und Stunde der Präsentation versehen und sodann ein Exemplar dem Muther zurückgegeben.

Es ist statthaft, die Muthung bei der zur Annahme derselben befugten Behörde zu Protokoll zu erklären.

§. 14. Jede Muthung muß enthalten:

1) den Namen und Wohnort des Muthers,
2) die Bezeichnung des Minerals, auf welches die Verleihung des Bergwerkseigenthums verlangt wird,

3) die Bezeichnung des Fundpunktes,

4) den dem Bergwerke beizulegenden Namen.

Wird eine Muthung auf das Mineralvorkommen eines verlassenen Bergwerks eingelegt, so muß dieselbe statt des Erfordernisses unter 3 eine Angabe über die Lage dieses Bergwerks enthalten.

Fehlt der Muthung die eine oder andere dieser Angaben, so hat der Muther dem Mangel auf die Aufforderung der Bergbehörde innerhalb Einer Woche abzuhelfen. Geschieht dies nicht, so ist die Muthung von Anfang an ungültig.

§. 15. Die Gültigkeit einer Muthung ist dadurch bedingt, daß das in derselben bezeichnete Mineral an dem angegebenen Fundpunkte (§. 14) auf seiner natürlichen Ablagerung vor Einlegung der Muthung entdeckt worden ist und bei der amtlichen Untersuchung nachgewiesen wird, und daß außerdem nicht bessere Rechte Dritter auf den Fund entgegenstehen.

§. 16. Wird eine Muthung auf das Mineralvorkommen eines verlassenen Bergwerks eingelegt (§. 14), so bedarf es zur Gültigkeit derselben keiner vorherigen neuen Aufschlüsse.

War jedoch das Mineral erwiesenermaßen bereits bei dem Verlassen des Bergwerks gänzlich abgebaut, so ist eine solche Muthung von Anfang an ungültig.

§. 17. Der Muther hat die Lage und Größe des begehrten Feldes (§. 27), letztere nach Quadratlachtern, anzugeben und einen von einem konzessionirten Markscheider oder Feldmesser angefertigten Situationsriß in zwei Exemplaren einzureichen, auf welchem der Fundpunkt, die Feldesgrenzen, die zur Orientirung erforderlichen Tagesgegenstände und der Meridian angegeben sein müssen.

Der bei Anfertigung dieses Situationsrisses anzuwendende Maaßstab wird durch das Oberbergamt festgesetzt und durch die Regierungsamtsblätter bekannt gemacht.

§. 18. Die Angabe der Lage und Größe des Feldes, sowie die Einreichung des Situationsrisses (§. 17) müssen binnen sechs Wochen nach Präsentation der Muthung bei der zur Annahme der Letzteren befugten Bergbehörde erfolgen.

Geschieht dies nicht, so ist die Muthung von Anfang an ungültig.

Unterläßt der Muther die Einreichung eines zweiten Exemplars des Situationsrisses, so kann die Bergbehörde dasselbe auf Kosten des Muthers anfertigen lassen.

§. 19. Die Lage und Größe des begehrten Feldes können nur innerhalb der auf dem Situationsrisse (§. 17) angegebenen Grenzen abgeändert werden.

Gegen Muthungen Dritter ist das gesetzlich begehrte, auf dem Situationsrisse angegebene Feld einer Muthung für die Dauer ihrer Gültigkeit geschlossen.

Diese Wirkung tritt mit dem Zeitpunkte der Präsentation der Muthung ein und wird auf diesen Zeitpunkt auch dann zurückbezogen, wenn der Situationsriß erst später innerhalb der im §. 18 vorgeschriebenen Frist eingereicht worden ist.

§. 20. Das Feld einer jeden Muthung wird gleich nach Einreichung des Situationsrisses (§. 17) von der Bergbehörde auf die Muthungs-Uebersichtskarte aufgetragen.

Die Einsicht dieser Karte ist einem Jeden gestattet.

§. 21. Versuchsarbeiten, welche der Muther etwa noch vor der Verleihung ausführt, unterliegen denselben Vorschriften, wie die Arbeiten des Schürfers (§§. 3 bis 11).

Dritter Abschnitt.
Vom Verleihen.

§. 22. Die den gesetzlichen Erfordernissen entsprechende Muthung begründet einen Anspruch auf Verleihung des Bergwerkseigenthums in dem im §. 27 bestimmten Felde.

§. 23. Dieser Anspruch kann jedoch auf dem Rechtswege nicht gegen die verleihende Bergbehörde, sondern nur gegen diejenigen Personen verfolgt werden, welche dem Muther die Behauptung eines besseren Rechts entgegensetzen.

§. 24. Wer auf eigenem Grund und Boden oder in seinem eigenen Grubengebäude oder durch Schürfarbeiten, welche nach Vorschrift der §§. 3 bis 10 unternommen worden sind, ein Mineral (§. 1) auf seiner natürlichen Ablagerung entdeckt, hat als Finder das Vorrecht vor anderen, nach dem Zeitpunkte seines Fundes eingelegten Muthungen.

Der Finder muß jedoch innerhalb Einer Woche nach Ablauf des Tages der Entdeckung Muthung einlegen, widrigenfalls sein Vorrecht erlischt.

§. 25. In allen übrigen Fällen geht die ältere Muthung der jüngeren vor. Das Alter wird durch das Präsentatum der zur Annahme befugten Bergbehörde (§. 12) bestimmt.

§. 26. Das Bergwerkseigenthum wird für Felder verliehen, welche, soweit die Oertlichkeit es gestattet, von geraden Linien an der Oberfläche und von senkrechten Ebenen in die ewige Teufe begrenzt werden.

Der Flächeninhalt der Felder ist nach der horizontalen Projektion in Quadratlachtern festzustellen.

§. 27. Der Muther hat das Recht,

1) in den Kreisen Siegen und Olpe des Regierungsbezirks Arnsberg und in den Kreisen Altenkirchen und Neuwied des Regierungsbezirks Koblenz ein Feld bis zu 25,000 Quadratlachtern,
2) in allen übrigen Landestheilen ein Feld bis zu 500,000 Quadratlachtern

zu verlangen.

In dieser Ausdehnung kann dem Felde jede beliebige, den Bedingungen des §. 26 entsprechende Form gegeben werden. Jedoch muß der Fundpunkt (§. 15), beziehungsweise der frühere Aufschluß des Mineralvorkommens eines verlassenen Bergwerks (§. 16) stets in dieses Feld eingeschlossen werden. Auch dürfen je zwei Punkte der Begrenzung bei 25,000 Quadratlachtern (Nr. 1) nicht über 500 Lachter, und bei 500,000 Quadratlachtern (Nr. 2) nicht über 2000 Lachter von einander entfernt liegen.

§. 28. Ehe die Verleihung des Bergwerkseigenthums erfolgt, hat der Muther in einem vor der Bergbehörde anzusetzenden, ihm mindestens vierzehn Tage vorher bekannt zu machenden Termine seine Schlußerklärung über die Größe und Begrenzung des Feldes, sowie über etwaige Einsprüche und kollidirende Ansprüche Dritter abzugeben.

Auf den Antrag des Muthers kann der Termin verlegt, auch kann zur Fortsetzung des Verfahrens ein fernerer Termin angesetzt werden.

Erscheint der Muther im Termine nicht, so wird angenommen, derselbe beharre bei seinem Anspruche auf Verleihung des Bergwerkseigenthums in dem auf dem Situationsrisse (§. 17) angegebenen Felde und erwarte die Entscheidung der Bergbehörde über seinen Anspruch, sowie über die etwaigen Einsprüche und Ansprüche Dritter.

§. 29. Zu dem Termine (§. 28) werden

1) diejenigen Muther, deren Rechte vermöge der Lage ihrer

Fundpunkte oder Felder mit dem begehrten Felde bereits kollidiren oder doch in Kollision gerathen können,

2) die Vertreter der durch das begehrte Feld ganz oder theilweise überdeckten und der benachbarten Bergwerke

zur Wahrnehmung ihrer Rechte mit dem Eröffnen vorgeladen, daß im Falle ihres Ausbleibens die Bergbehörde lediglich nach Lage der Verhandlungen entscheiden werde.

§. 30. Liegen Einsprüche und Kollisionen mit den Rechten Dritter nicht vor und findet sich auch sonst gegen die Anträge des Muthers gesetzlich nichts zu erinnern, so fertigt das Oberbergamt ohne Weiteres die Verleihungsurkunde aus.

§. 31. Liegen Einsprüche oder Kollisionen mit den Rechten Dritter vor oder kann aus anderen gesetzlichen Gründen den Anträgen des Muthers gar nicht oder nicht in ihrem ganzen Umfange entsprochen werden, so entscheidet das Oberbergamt über die Ertheilung oder Versagung der Verleihung durch einen Beschluß, welcher dem Muther und den betheiligten Dritten in Ausfertigung zugestellt wird.

Einsprüche und Ansprüche, welche durch den Beschluß des Oberbergamts abgewiesen werden, müssen, insofern wegen derselben der Rechtsweg zulässig ist, binnen drei Monaten, vom Ablaufe des Tages, an welchem der Beschluß, beziehungsweise der Rekursbescheid (§. 191) zugestellt ist, durch gerichtliche Klage verfolgt werden.

Wer von dieser Frist keinen Gebrauch macht, ist seines etwaigen Rechts verlustig.

Die in dem Verleihungsverfahren durch unbegründete Einsprüche entstehenden Kosten hat der Widersprechende zu tragen.

§. 32. Sind die der Verleihung entgegenstehenden Hindernisse (§. 31) durch die Entscheidung der Bergbehörde oder durch Richterspruch beseitigt, so fertigt das Oberbergamt die Verleihungsurkunde aus.

§. 33. Bei Ausfertigung der Verleihungsurkunde werden die beiden Exemplare des Situationsrisses (§. 17) von dem Oberbergamte beglaubigt, erforderlichen Falles aber vorher berichtigt und vervollständigt.

Das eine Exemplar des Risses erhält der Bergwerkseigenthümer, das andere wird bei der Bergbehörde aufbewahrt.

§. 34. Die Verleihungsurkunde muß enthalten:

1) den Namen, Stand und Wohnort des Berechtigten,

2) den Namen des Bergwerks,

3) den Flächeninhalt und die Begrenzung des Feldes unter Verweisung auf den Situationsriß (§. 33),
4) den Namen der Gemeinde, des Kreises, des Regierungs- und Oberbergamts-Bezirks, in welchem das Feld liegt,
5) die Benennung des Minerals oder der Mineralien, auf welche das Bergwerkseigenthum verliehen wird,
6) Datum der Urkunde,
7) Siegel und Unterschrift des verleihenden Oberbergamts.

§. 35. Die Verleihungsurkunde ist binnen sechs Wochen nach der Ausfertigung durch das Amtsblatt der Regierung, in deren Bezirk das Bergwerk liegt, unter Verweisung auf diesen und den folgenden Paragraphen zur öffentlichen Kenntniß zu bringen.

Muther, welche auf das in der Bekanntmachung bezeichnete Feld oder auf Theile desselben ein Vorzugsrecht zu haben glauben, können dieses Recht, insofern über dasselbe nicht bereits in dem Verleihungsverfahren verhandelt und in dem Beschlusse des Oberbergamts (§. 31) entschieden worden ist, noch binnen drei Monaten vom Ablaufe des Tages, an welchem das die Bekanntmachung enthaltende Amtsblatt ausgegeben worden ist, durch gerichtliche Klage gegen den Bergwerkseigenthümer verfolgen.

Wer von dieser Frist keinen Gebrauch macht, ist seines etwaigen Vorzugsrechts verlustig.

Wird das Vorzugsrecht des Widersprechenden durch Richterspruch anerkannt, so hat das Oberbergamt die Verleihungsurkunde je nach Lage des Falles gänzlich aufzuheben oder abzuändern.

§. 36. Der §. 35 findet auch auf solche Bergwerkseigenthümer Anwendung, welche nach §. 55 ein Vorzugsrecht auf die in der publizirten Verleihungsurkunde bezeichneten Mineralien zu haben glauben, insofern dieses Recht nach §. 55 nicht schon erloschen, auch über dasselbe nicht bereits in dem Verleihungsverfahren verhandelt und in dem Beschlusse des Oberbergamts (§. 31) entschieden worden ist.

Im Uebrigen werden die Rechte des verliehenen Bergwerkseigenthums durch die Aufforderung und Präklusion des §. 35 nicht betroffen.

§. 37. Während der dreimonatlichen Frist des §. 35 ist die Einsicht des Situationsrisses (§. 33) bei der Bergbehörde einem Jeden gestattet.

§. 38. Die Kosten des Verleihungsverfahrens hat mit Ausschluß der durch unbegründete Einsprüche entstandenen (§. 31) der Muther zu tragen.

Vierter Abschnitt.

Vom Vermessen.

§. 39. Der Bergwerkseigenthümer ist befugt, die amtliche Vermessung und Verlochsteinung des durch die Verleihungsurkunde bestimmten Feldes zu verlangen.

Dieselbe Befugniß steht den Eigenthümern angrenzender Bergwerke zu.

Dieses Geschäft wird unter Leitung der Bergbehörde durch einen konzessionirten Markscheider oder Feldmesser ausgeführt.

Die Kosten hat der Antragsteller zu tragen.

§. 40. Zu der Vermessung und Verlochsteinung werden außer dem Bergwerkseigenthümer die Vertreter der angrenzenden Bergwerke und die Besitzer derjenigen Grundstücke, auf welchen Lochsteine zu setzen sind, zugezogen.

Die Grundbesitzer sind verpflichtet, das Betreten ihrer Grundstücke und das Setzen der Lochsteine gegen vollständigen Ersatz des Schadens zu gestatten.

Fünfter Abschnitt.

Von der Konsolidation.

§. 41. Die Vereinigung zweier oder mehrerer Bergwerke zu einem einheitlichen Ganzen — Konsolidation — unterliegt der Bestätigung des Oberbergamts (§. 49).

§. 42. Zur Konsolidation ist erforderlich:

1) ein notariell oder gerichtlich beglaubigter Konsolidationsakt — je nach Beschaffenheit des Falles ein Vertrag oder Beschluß der Mitbetheiligten oder eine Erklärung des Alleineigenthümers,
2) ein von einem konzessionirten Markscheider oder Feldmesser in zwei Exemplaren angefertigter Situationsriß des ganzen Feldes,
3) die Angabe des dem konsolidirten Bergwerke beigelegten Namens.

§. 43. Kann das durch die Konsolidation entstehende (konsolidirte) Werk nur als Ganzes mit Hypotheken und dinglichen Lasten beschwert werden (vergl. §. 98), so muß für den Fall, daß auf den einzelnen Bergwerken Hypotheken oder andere Realrechte oder daß auf denselben Privilegien des rheinischen Rechts haften, außer dem Konsolidationsakte eine mit den Berechtigten vereinbarte Bestimmung darüber beigebracht werden, daß und in welcher Rangordnung die Rechte derselben auf das konsolidirte Werk als Ganzes übergehen sollen.

§. 44. In allen übrigen Fällen muß in dem Konsolidationsakte eine Bestimmung des Antheilsverhältnisses, nach welchem jedes einzelne Bergwerk in das konsolidirte Werk eintreten soll, enthalten sein. Auf diese Fälle finden alsdann die besonderen Vorschriften der §§. 45 bis 48 Anwendung.

§. 45. Der wesentliche Inhalt des Konsolidationsaktes, insbesondere die Bestimmung des Antheilsverhältnisses (§. 44) wird durch das Oberbergamt den aus dem Hypothekenbuche ersichtlichen Hypothekengläubigern und anderen Realberechtigten, insofern deren ausdrückliches Einverständniß mit dem Antheilsverhältnisse nicht beigebracht ist, unter Verweisung auf diesen und die beiden folgenden Paragraphen bekannt gemacht.

Außerdem erfolgt diese Bekanntmachung durch das Amtsblatt der Regierung, in deren Bezirk das Bergwerk liegt.

§. 46. Hypothekengläubiger und andere Realberechtigte, sowie privilegirte Gläubiger des rheinischen Rechts, welche durch die Bestimmung des Antheilsverhältnisses (§. 44) an ihren Rechten verkürzt zu sein glauben, sind befugt, gegen diese Bestimmung Einspruch zu erheben.

Dieses Einspruchsrecht muß binnen drei Monaten nach Ablauf des Tages, an welchem die Bekanntmachung zugestellt, beziehungsweise das die Bekanntmachung enthaltende Amtsblatt ausgegeben worden ist (§. 45), durch gerichtliche Klage geltend gemacht werden.

Wer von dieser Frist keinen Gebrauch macht, ist seines Einspruchsrechts verlustig.

§. 47. Statt diese Klage zu erheben, können die vorbezeichneten Gläubiger und anderen Realberechtigten ihre Befriedigung vor der Verfallzeit verlangen, soweit dies die Natur des versicherten Anspruches gestattet.

Dieses Recht muß jedoch ebenfalls bei Vermeidung des Verlustes desselben innerhalb der im §. 46 bestimmten Frist geltend gemacht werden.

§. 48. Mit der Bestätigung der Konsolidation (§. 49) geht das Realrecht ohne Weiteres auf den entsprechenden, nach Maßgabe der vorstehenden Bestimmungen (§§. 44 bis 46) festgestellten Antheil an dem konsolidirten Werke über.

§. 49. Sind Hypothekengläubiger und andere Realberechtigte sowie privilegirte Gläubiger des rheinischen Rechts nicht vorhanden, oder ist in den Fällen des §. 43 die dort bezeichnete Vereinbarung beigebracht, oder sind in den Fällen des §. 44 Einsprüche nicht erhoben oder die erhobenen Einsprüche (§§. 46, 47) erledigt, so entscheidet das Oberbergamt über die Bestätigung der Konsolidation.

Die Bestätigung darf nur versagt werden, wenn die Felder der einzelnen Bergwerke nicht aneinander grenzen oder wenn Gründe des öffentlichen Interesses entgegenstehen.

Der Bestätigungsurkunde werden die Verleihungsurkunden der einzelnen Bergwerke beigefügt.

Hinsichtlich der Beglaubigung, Aushändigung und Aufbewahrung der Risse finden die Bestimmungen des §. 33 Anwendung.

Dritter Titel.

Von dem Bergwerkseigenthume.

Erster Abschnitt.

Von dem Bergwerkseigenthume im Allgemeinen.

§. 50. Das durch die Verleihungsurkunde begründete Bergwerkseigenthum gehört zu den unbeweglichen Sachen.

§. 51. Die reale Theilung des Feldes eines Bergwerks in selbstständige Felder, sowie der Austausch von Feldestheilen zwischen angrenzenden Bergwerken unterliegt der Bestätigung des Oberbergamts.

Dieselbe darf nur versagt werden, wenn überwiegende Gründe des öffentlichen Interesses entgegenstehen.

Hypothekengläubiger und andere Realberechtigte, sowie privilegirte Gläubiger des rheinischen Rechts, welche durch die Feldestheilung oder durch den Feldaustausch an ihren Rechten verkürzt zu sein glauben, können ihre Befriedigung vor der Verfallzeit verlangen, soweit dies die Natur des versicherten Anspruches gestattet. Dieses Recht muß bei Vermeidung des Verlustes desselben innerhalb der im §. 46 bestimmten Frist geltend gemacht werden. Die Bestätigung wird unter Beobachtung des Verfahrens ertheilt, welches sich aus der Anwendung der §§. 42, 45 und 49 auf die vorstehenden Fälle ergiebt.

Bei dem Austausche von Feldestheilen geht das Recht der erwähnten Gläubiger und anderen Realberechtigten mit der Bestätigung der Bergbehörde ohne Weiteres auf den zu dem belasteten Bergwerke hinzutretenden Feldestheil über, wogegen der abgetretene Feldestheil von der dinglichen Belastung befreit wird.

§. 52. Auf das Bergwerkseigenthum finden hinsichtlich der Veräußerung, der Verpfändung und des Arrestes, sowie die Privilegien des rheinischen Rechts die allgemeinen gesetzlichen Vorschriften Anwendung, welche in dieser Beziehung für das Grundeigenthum gelten.

Wegen übermäßiger Verletzung, insbesondere wegen Verletzung über die Hälfte können Verträge über Veräußerung von Bergwerken oder Kuxen nicht angefochten werden.

§. 53. Die allgemeinen gesetzlichen Vorschriften über die Führung der Hypothekenbücher und rheinischen Hypothekenregister, die Subhastation, den Konkurs und die Rangordnung der Gläubiger sind auch für das Bergwerkseigenthum maßgebend, soweit nicht im gegenwärtigen Gesetze etwas Anderes bestimmt ist. (§§. 246 bis 249.)

§. 54. Der Bergwerkseigenthümer hat die ausschließliche Befugniß, nach den Bestimmungen des gegenwärtigen Gesetzes das in der Verleihungsurkunde benannte Mineral in seinem Felde aufzusuchen und zu gewinnen, sowie alle hierzu erforderlichen Vorrichtungen unter und über Tage zu treffen.

Diese Befugniß erstreckt sich auch auf die innerhalb des Feldes befindlichen Halden eines früheren Bergbaues.

§. 55. Auf Mineralien, welche mit dem in der Verleihungsurkunde benannten Mineral innerhalb der Grenzen des Feldes in einem solchen Zusammenhange vorkommen, daß dieselben nach der Entscheidung des Oberbergamts aus bergtechnischen oder bergpolizeilichen Gründen gemeinschaftlich gewonnen werden müssen, hat der Bergwerkseigenthümer in seinem Felde vor jedem Dritten ein Vorrecht zum Muthen.

Legt ein Dritter auf solche Mineralien Muthung ein, so wird dieselbe dem Bergwerkseigenthümer mitgetheilt. Letzterer muß alsdann binnen vier Wochen nach Ablauf des Tages dieser Mittheilung Muthung einlegen, widrigenfalls sein Vorrecht erlischt.

Auf andere Mineralien, welche nicht in dem vorbezeichneten Zusammenhange vorkommen, hat der Bergwerkseigenthümer kein Vorrecht.

§. 56. Steht das Recht zur Gewinnung verschiedener Mineralien innerhalb derselben Feldesgrenzen verschiedenen Bergwerkseigenthümern zu, so hat jeder Theil das Recht, bei einer planmäßigen Gewinnung seines Minerals auch dasjenige des anderen Theils insoweit mit zu gewinnen, als diese Mineralien nach der Entscheidung des Oberbergamts aus den im §. 55 angegebenen Gründen nicht getrennt gewonnen werden können.

Die mitgewonnenen, dem anderen Theile zustehenden Mineralien müssen jedoch dem Letzteren auf sein Verlangen gegen Erstattung der Gewinnungs- uud Förderungskosten herausgegeben werden.

§. 57. Der Bergwerkseigenthümer ist befugt, die durch den Betrieb des Bergwerks gewonnen, nicht unter den §. 1 gehörigen Mineralien zu Zwecken seines Betriebes ohne Entschädigung des Grundeigenthümers zu verwenden.

Soweit diese Verwendung nicht erfolgt, ist der Bergwerkseigenthümer verpflichtet, die bezeichneten Mineralien dem Grundeigenthümer auf sein Verlangen gegen Erstattung der Gewinnungs- und Förderungskosten herauszugeben.

§. 58. Dem Bergwerkseigenthümer steht die Befugniß zu, die zur Aufbereitung seiner Bergwerkserzeugnisse erforderlichen Anstalten zu errichten und zu betreiben.

§. 59. Die zum Betriebe auf Bergwerken und Aufbereitungsanstalten (§. 58) dienenden Dampfkessel und Triebwerke unterliegen den Vorschriften der Gewerbegesetze.

Sofern zur Errichtung oder Veränderung solcher Anlagen nach den Vorschriften der Gewerbegesetze eine besondere polizeiliche Genehmigung erforderlich ist, tritt jedoch an die Stelle der Ortspolizeibehörde der Revierbeamte und an die Stelle der Regierung das Oberbergamt.

Ueber die Zulässigkeit der Wassertriebwerke entscheiden das Oberbergamt und die Regierung durch einen gemeinschaftlichen Beschluß.

§. 60. Der Bergwerkseigenthümer ist befugt, im freien Felde Hülfsbaue anzulegen.

Dieselbe Befugniß steht ihm im Felde anderer Bergwerkseigenthümer zu, sofern die Hülfsbaue die Wasser- und Wetterlösung oder den vortheilhafteren Betrieb des Bergwerks, für welches die Anlage gemacht werden soll, bezwecken und der eigene Bergbau des Anderen dadurch weder gestört noch gefährdet wird.

Der Hülfsbau ist Zubehör des berechtigten Bergwerks, beziehungsweise der berechtigten Bergwerke, wenn die Eigenthümer zweier oder mehrerer Bergwerke sich zur gemeinschaftlichen Anlage eines Hülfsbaues vereinigt und keine anderweitige Vereinbarung getroffen haben.

§. 61. Bestreitet der Bergwerkseigenthümer, in dessen Felde ein Hülfsbau angelegt werden soll, seine Verpflichtung zur Gestattung desselben, so entscheidet hierüber das Oberbergamt mit Ausschluß des Rechtsweges.

§. 62. Wird ein Hülfsbau in dem Felde eines anderen Bergwerkseigenthümers angelegt, so muß der Hülfsbauberechtigte für allen Schaden, welcher dem belasteten Bergwerke durch seine Anlage zugefügt wird, vollständige Entschädigung leisten.

§. 63. Die bei Ausführung eines Hülfsbaues im freien Felde gewonnenen Mineralien (§. 1) werden als Theil der Förderung des durch den Hülfsbau zu lösenden Bergwerks behandelt.

Werden bei Ausführung eines Hülfsbaues im Felde eines anderen Bergwerkseigenthümers Mineralien gewonnen, auf welche der Letztere berechtigt ist, so müssen diese Mineralien demselben auf sein Verlangen unentgeltlich herausgegeben werden.

§. 64. Der Bergwerkseigenthümer hat die Befugniß, die Abtretung des zu seinen bergbaulichen Zwecken (§§. 54 bis 60) erforderlichen Grund und Bodens nach näherer Vorschrift des fünften Titels zu verlangen.

Zweiter Abschnitt.

Von dem Betriebe und der Verwaltung.

§. 65. Der Bergwerksbesitzer ist verpflichtet, das Bergwerk zu betreiben, wenn der Unterlassung oder Einstellung des Betriebes nach der Entscheidung des Oberbergamts überwiegende Gründe des öffentlichen Interesses entgegenstehen.

Das Oberbergamt hat in diesem Falle die Befugniß, den Eigenthümer, nach Vernehmung desselben, zur Inbetriebsetzung des Bergwerks oder zur Fortsetzung des unterbrochenen Betriebes binnen einer Frist von sechs Monaten aufzufordern und für den Fall der

Nichtbefolgung dieser Aufforderung die Entziehung des Bergwerkseigenthums nach Maßgabe des sechsten Titels anzudrohen.

§. 66. Der Bergwerksbesitzer ist verpflichtet, der Bergbehörde von der beabsichtigten Inbetriebsetzung des Bergwerks mindestens vier Wochen vorher Anzeige zu machen.

§. 67. Der Betrieb darf nur auf Grund eines Betriebplans geführt werden.

Derselbe unterliegt der Prüfung durch die Bergbehörde und muß der Letzteren zu diesem Zwecke vor der Ausführung vorgelegt werden.

Die Prüfung hat sich auf die im §. 196 festgestellten polizeilichen Gesichtspunkte zu beschränken.

§. 68. Erhebt die Bergbehörde nicht binnen vierzehn Tagen nach Vorlegung des Betriebsplans Einspruch gegen denselben, so ist der Bergwerksbesitzer zur Ausführung befugt.

Wird dagegen innerhalb dieser Frist Einspruch von der Bergbehörde erhoben, so ist der Bergwerksbesitzer gleichzeitig zur Erörterung der beanstandeten Betriebsbestimmungen zu einem Termine vorzuladen.

Insoweit auf diesem Wege keine Verständigung erzielt wird, hat das Oberbergamt diejenigen Abänderungen des Betriebsplans, ohne welche derselbe nicht zur Ausführung gebracht werden darf, durch einen Beschluß festzusetzen.

§. 69. Die §§. 67 und 68 finden auch auf die späteren Abänderungen der Betriebspläne Anwendung.

Werden jedoch in Folge unvorhergesehener Ereignisse sofortige Abänderungen eines Betriebsplans erforderlich, so genügt es, wenn dieselben binnen der nächsten vierzehn Tage der Bergbehörde durch den Betriebsführer angezeigt werden.

§. 70. Wird ein Betrieb den Vorschriften der §§. 67 bis 69 zuwider geführt, so ist die Bergbehörde befugt, nöthigenfalls einen solchen Betrieb einzustellen.

§. 71. Will der Bergwerksbesitzer den Betrieb des Bergwerks einstellen, so hat derselbe der Bergbehörde hiervon mindestens vier Wochen vorher Anzeige zu machen.

Muß der Betrieb in Folge unvorhergesehener Ereignisse schon in kürzerer Frist oder sofort eingestellt werden, so ist die Anzeige binnen längstens vierzehn Tagen nach erfolgter Betriebseinstellung nachzuholen.

§. 72. Der Bergwerksbesitzer hat auf seine Kosten ein Grubenbild in zwei Exemplaren durch einen konzessionirten Markscheider anfertigen und regelmäßig nachtragen zu lassen.

In welchen Zeitabschnitten die Nachtragung stattfinden muß, wird durch das Oberbergamt vorgeschrieben.

Das eine Exemplar des Grubenbildes ist an die Bergbehörde zum Gebrauche derselben abzuliefern, das andere auf dem Bergwerke oder, falls es daselbst an einem geeigneten Orte fehlt, bei dem Betriebsführer aufzubewahren.

§. 73. Der Betrieb darf nur unter Leitung, Aufsicht und Verantwortlichkeit von Personen geführt werden, deren Befähigung hierzu anerkannt ist.

§. 74. Der Bergwerksbesitzer hat die zur Leitung und Beaufsichtigung des Betriebes angenommenen Personen, wie Betriebsführer Steiger, technische Auffeher ꝛc. der Bergbehörde namhaft zu machen.

Diese Personen sind verpflichtet, ihre Befähigung zu den ihnen zu übertragenden Geschäften nachzuweisen und sich zu diesem Zwecke auf Erfordern einer Prüfung durch die Bergbehörde zu unterwerfen.

Erst nachdem letztere die Befähigung anerkannt hat, dürfen die genannten Personen die ihnen übertragenen Geschäfte übernehmen.

§. 75. Wird der Betrieb von einer Person geleitet oder beaufsichtigt, welche das erforderliche Anerkenntniß ihrer Befähigung (§.74) nicht besitzt, oder welche diese Befähigung wieder verloren hat, so ist die Bergbehörde befugt, die sofortige Entfernung derselben zu verlangen und nöthigenfalls den in Betracht kommenden Betrieb so lange einzustellen, bis eine als befähigt anerkannte Person angenommen ist.

§. 76. Die Personen, welche die Leitung oder Beaufsichtigung des Betriebes übernommen haben, sind für die Innehaltung der Betriebspläne, sowie für die Befolgung aller im Gesetze enthaltenen oder auf Grund desselben ergangenen Vorschriften und Anordnungen verantwortlich.

§. 77. Dieselben sind verpflichtet, die Bergbeamten, welche im Dienste das Bergwerk befahren, zu begleiten und denselben auf Erfordern Auskunft über den Betrieb zu geben.

§. 78. Der Bergwerksbesitzer muß den mit Fahrscheinen des Oberbergamts versehenen Personen, welche sich dem Bergfache gewidmet haben, zum Zwecke ihrer Ausbildung die Befahrung und Besichtigung des Werkes gestatten.

§. 79. Der Bergwerksbesitzer ist verpflichtet, in den dafür festgesetzten Zeiträumen und Formen der Bergbehörde die vom Handelsminister vorgeschriebenen statistischen Nachrichten einzureichen.

Dritter Abschnitt.

Von den Bergleuten.

§. 80. Das Vertragsverhältniß zwischen den Bergwerksbesitzern und den Bergleuten wird nach den allgemeinen gesetzlichen Vorschriften beurtheilt, soweit nicht nachstehend etwas Anderes bestimmt ist.

Erlassen die Bergwerksbesitzer Arbeitsordnungen für ihre Werke, so müssen dieselben gleichzeitig mit der Bekanntmachung auf dem Werke zur Kenntniß der Bergbehörde gebracht werden.

§. 81. Das Vertragsverhältniß kann, wenn nicht ein Anderes verabredet ist, durch eine jedem Theile freistehende, vierzehn Tage vorher zu erklärende Kündigung aufgelöst werden.

§. 82. Vor Ablauf der vertragsmäßigen Arbeitszeit und ohne vorhergegangene Aufkündigung können Bergleute entlassen werden:

1) wenn sie eines Diebstahls, einer Veruntreuung, eines liederlichen Lebenswandels, groben Ungehorsams oder beharrlicher Widerspenstigkeit sich schuldig machen;
2) wenn sie eine sicherheitspolizeiliche Strafvorschrift bei der Bergarbeit übertreten;
3) wenn sie sich Thätlichkeiten oder Schmähungen gegen den Bergwerksbesitzer, dessen Stellvertreter oder die ihnen vorgesetzten Beamten erlauben;
4) wenn sie zur Fortsetzung der Arbeit unfähig geworden oder mit einer ekelhaften Krankheit behaftet sind.

§. 83. Vor Ablauf der vertragsmäßigen Arbeitszeit und ohne vorhergegangene Aufkündigung können Bergleute die Arbeit verlassen:

1) wenn sie zur Fortsetzung der Arbeit unfähig werden,
2) wenn der Bergwerksbesitzer oder dessen Stellvertreter sich thätlich an ihnen vergreift;
3) wenn er ihnen den versprochenen Lohn oder die sonstigen Gegenleistungen ohne genügende Veranlassung vorenthält.

§. 84. Der Bergwerksbesitzer oder dessen Stellvertreter ist verpflichtet, dem abkehrenden Bergmanne ein Zeugniß über die Art und Dauer seiner Beschäftigung und auf Verlangen auch über seine

Führung auszustellen, dessen Unterschrift die Ortspolizeibehörde kosten- und stempelfrei zu beglaubigen hat.

Wird die Ausstellung des Zeugnisses verweigert, so fertigt die Ortspolizeibehörde dasselbe auf Kosten des Verpflichteten aus.

Werden dem abkehrenden Bergmanne in dem Zeugnisse Beschuldigungen zur Last gelegt, welche seine fernere Beschäftigung hindern würden, so kann er auf Untersuchung bei der Ortspolizeibehörde antragen, welche, wenn die Beschuldigung unbegründet befunden wird, unter dem Zeugnisse den Befund ihrer Untersuchung zu vermerken hat.

§. 85. Bergwerksbesitzer oder deren Stellvertreter dürfen Arbeiter, von denen ihnen bekannt ist, daß sie schon früher beim Bergbau beschäftigt waren, nicht eher zur Bergarbeit annehmen, bis ihnen von denselben das Zeugniß des Bergwerksbesitzers oder Stellvertreters, bei dem sie zuletzt in Arbeit gestanden, beziehungsweise das Zeugniß der Ortspolizeibehörde (§. 84) vorgelegt ist.

§. 86. Bergwerksbesitzer sind verpflichtet, die für sie beschäftigten Bergleute in baarem Gelde auszulohnen. Sie dürfen denselben keine Waaren kreditiren.

Dagegen können den Bergleuten Wohnung, Feuerungsbedarf, Landnutzung, regelmäßige Beköstigung, sowie die zur Bergwerksarbeit erforderlichen Werkzeuge und Betriebsmaterialien unter Anrechnung bei der Lohnzahlung verabfolgt werden.

Im Falle eines Nothstandes ist die Regierung befugt, durch einen Beschluß zu bestimmen, daß und welche Lebensmittel und Saatfrüchte den Bergleuten von den Bergwerksbesitzern unter Anrechnung bei der Lohnzahlung verabfolgt werden dürfen.

§. 87. Die Bestimmungen des §. 86 finden auch Anwendung auf Familienglieder, Gehülfen, Beauftragte, Geschäftsführer, Faktoren und Aufseher der Bergwerksbesitzer, sowie auf Gewerbetreibende, bei deren Geschäft eine der erwähnten Personen unmittelbar oder mittelbar betheiligt ist.

§. 88. Bergleute, deren Forderungen den Vorschriften der §§. 86 und 87 zuwider anders als durch Baarzahlung berichtigt sind, können zu jeder Zeit die Bezahlung ihrer Forderungen in baarem Gelde verlangen.

§. 89. Verträge, welche den §§. 86 bis 88 zuwiderlaufen, sind nichtig. Dasselbe gilt von Verabredungen zwischen Bergwerksbesitzern oder ihnen gleichgestellten Personen einerseits und Bergleuten andererseits über die Entnehmung der Bedürfnisse dieser Letzteren aus gewissen Verkaufsstellen, sowie überhaupt über die Verwendung des Verdienstes derselben zu einem anderen Zwecke, als zur Betheiligung an Einrichtungen zur Verbesserung der Lage der Bergleute oder ihrer Familien (§. 86).

§. 90. Forderungen für Waaren, welche ungeachtet des Verbots den Arbeitern kreditirt worden sind, können von den Bergwerksbesitzern und von denen ihnen gleichgestellten Personen weder eingeklagt noch durch Anrechnung oder sonst geltend gemacht werden, ohne Unterschied, ob sie zwischen den Betheiligten unmittelbar entstanden oder mittelbar erworben sind; vielmehr fallen dergleichen Forderungen der Knappschaftskasse zu, welcher das betreffende Werk angehört.

§. 91. Zuwiderhandlungen gegen die §§. 86 und 87 werden mit einer Geldbuße bis zu fünfhundert Thalern und im Unvermögensfalle mit verhältnißmäßiger Gefängnißstrafe bestraft. Im Wiederholungsfalle wird die Strafe verdoppelt.

Jede rechtskräftige Verurtheilung wird auf Kosten des Verurtheilten durch das Amtsblatt und andere öffentliche Blätter derjenigen Kreise, in welchen derselbe und der betheiligte Bergmann ihren Wohnsitz haben, bekannt gemacht.

§. 92. Die auf Grund des §. 91, desgleichen die wegen Uebertretungen des §. 85 festgesetzten Geldstrafen fließen zu der im §. 90 bezeichneten Knappschaftskasse.

§. 93. Auf jedem Bergwerke ist über die daselbst beschäftigten Arbeiter eine Liste zu führen, welche die Vor- und Zunamen, das Geburtsjahr, den Wohnort, den Tag des Dienstantritts und der Entlassung, sowie das Datum des letzten Arbeitszeugnisses enthält.

Die Liste muß der Bergbehörde auf Verlangen vorgelegt werden.

Vierter Titel.

Von den Rechtsverhältnissen der Mitbetheiligten eines Bergwerks.

§. 94. Zwei oder mehrere Mitbetheiligte eines Bergwerks bilden eine Gewerkschaft.

Die Gewerkschaft kann ihre besondere Verfassung durch ein notariell oder gerichtlich zu errichtendes Statut regeln, welches der Zustimmung von wenigstens drei Viertheilen aller Antheile und der Bestätigung des Oberbergamts bedarf.

Die Bestimmungen der §§. 95 bis 110, 114 Absatz 2 und 123 bis 128 dürfen durch das Statut nicht abgeändert werden.

§. 95. Die Gewerkschaft führt den Namen des Bergwerks, sofern sie nicht in dem Statut einen anderen Namen gewählt hat.

§. 96. Die Gewerkschaft kann unter ihrem Namen Rechte erwerben und Verbindlichkeiten eingehen, Eigenthum und andere dingliche Rechte an Bergwerken und Grundstücken erwerben, vor Gericht klagen und verklagt werden.

Ihr ordentlicher Gerichtsstand ist bei dem Gerichte, in dessen Bezirk das Bergwerk liegt.

§. 97. Das Bergwerk wird, soweit die Einrichtung des Hypothekenwesens dies gestattet, auf den Namen der Gewerkschaft in das Hypothekenbuch eingetragen.

§. 98. Das Bergwerk kann nur von der Gewerkschaft und nur als Ganzes mit Hypotheken und dinglichen Lasten beschwert werden.

§. 99. Für die Verbindlichkeiten der Gewerkschaft haftet nur das Vermögen derselben.

§. 100. Durch das Ausscheiden einzelner Mitglieder — Gewerken — wird die Gewerkschaft nicht aufgelöst. Auch können einzelne Gewerken nicht auf Theilung klagen.

§. 101. Die Zahl der gewerkschaftlichen Antheile — Kuxe — beträgt hundert.

Durch das Statut kann die Zahl auf tausend bestimmt werden.

Die Kuxe sind untheilbar. Sie haben die Eigenschaft der beweglichen Sachen.

§. 102. Die Gewerken nehmen nach dem Verhältniß ihrer Kuxe an dem Gewinne und Verluste Theil.

Sie sind verpflichtet, die Beiträge, welche zur Erfüllung der Schuldverbindlichkeiten der Gewerkschaft und zum Betriebe erforderlich sind, nach Verhältniß ihrer Kuxe zu zahlen (§§. 129, 130).

§. 103. Ueber sämmtliche Mitglieder der Gewerkschaft und deren Kuxe wird von der Gewerkschaft ein Verzeichniß — das Gewerkenbuch — geführt. Auf Grund desselben wird einem jeden Gewerken, welcher es verlangt, ein Antheilschein — Kuxschein — ausgefertigt.

Die Kuxscheine sind nach der Wahl des Gewerken über die einzelnen Kuxe oder über eine Mehrheit derselben auszustellen.

Die Kuxscheine dürfen nur auf einen bestimmten Namen, niemals auf den Inhaber lauten.

Die Erneuerung eines Kuxscheins ist nur gegen Rückgabe oder nach erfolgter Amortisation desselben zulässig.

§. 104. Die Kuxe können ohne Einwilligung der Mitgewerken auf andere Personen übertragen werden.

Ein gesetzliches Vorkaufsrecht steht den Mitgewerken nicht zu.

§. 105. Zur Uebertragung der Kuxe ist die schriftliche Form erforderlich.

Der Uebertragende ist zur Aushändigung des Kuxscheins und, wenn dieser verloren ist, zur Beschaffung der Amortisationserklärung auf seine Kosten verpflichtet.

Die Umschreibung im Gewerkenbuche darf nur auf Grund der Uebertragungsurkunde und gegen Vorlegung des Kuxscheins oder der Amortisationserklärung erfolgen.

§. 106. Wer im Gewerkenbuche als Eigenthümer der Kuxe verzeichnet ist, wird der Gewerkschaft gegenüber bei Ausübung seiner Rechte als solcher angesehen.

§. 107. Bei freiwilligen Veräußerungen von Kuxen bleibt der seitherige Eigenthümer derselben der Gewerkschaft für die Beiträge (§. 102) verpflichtet, deren Erhebung die Gewerkschaft beschlossen hat, bevor die Umschreibung der Kuxe im Gewerkenbuche gesetzlich (§. 105) beantragt ist.

§. 108. Die Verpfändung der Kuxe geschieht durch Uebergabe des Kuxscheins auf Grund eines schriftlichen Vertrages.

§. 109. Die Exekution in den Antheil eines Gewerken wird durch Abpfändung seines Kuxscheins und Verkauf desselben im Wege der Mobiliarversteigerung vollstreckt.

§. 110. Die Amortisation eines verloren gegangenen Kuxscheins ist bei dem ordentlichen Gerichte, in dessen Bezirk das Bergwerk liegt, zu beantragen.

Der Antragsteller muß den Besitz und Verlust des Kuxscheins glaubhaft machen.

Das Gericht erläßt eine öffentliche Aufforderung an den unbekannten Inhaber des Kuxscheins, binnen drei Monaten den Kuxschein dem Gerichte vorzulegen, mit der Verwarnung, daß sonst der Kuxschein werde für kraftlos erklärt werden.

Die Aufforderung wird dreimal in das Amtsblatt, den Staatsanzeiger und eine inländische Provinzialzeitung eingerückt. Es kann daneben auch die Bekanntmachung durch eine ausländische Zeitung angeordnet werden.

Wird von einem Inhaber der Kuxschein vorgelegt, so ist dem Antragsteller hiervon Kenntniß zu geben und ihm zu überlassen, sein Recht gegen den Inhaber geltend zu machen.

Meldet sich Niemand, so erklärt das Gericht den Kuxschein für kraftlos.

§. 111. Die Gewerken fassen ihre Beschlüsse in Gewerkenversammlungen.

Das Stimmrecht wird nach Kuxen, nicht nach Personen ausgeübt.

§. 112. Zur Gültigkeit eines Beschlusses ist erforderlich, daß alle Gewerken anwesend oder unter Angabe des zu verhandelnden Gegenstandes zu einer Versammlung eingeladen waren.

Einladungen durch die Post erfolgen gegen Post-Insinuationsschein.

Gewerken, welche weder im Inlande noch in einem deutschen Bundesstaate wohnen, haben zur Empfangnahme der Einladungen einen Bevollmächtigten im Inlande zu bestellen. Ist dies nicht geschehen, so reicht ein vierzehntägiger Aushang am Amtslokale des Revierbeamten aus.

Dasselbe gilt bei Gewerken, deren Wohnort unbekannt ist.

§. 113. Die Beschlüsse werden in der beschlußfähigen Gewerkenversammlung mit einfacher Stimmenmehrheit gefaßt.

Beschlußfähig ist die erste Versammlung, wenn die Mehrheit aller Kuxe vertreten ist.

Ist die Mehrheit aller Kuxe nicht vertreten, so sind sämmtliche Gewerken zu einer zweiten Versammlung einzuladen.

Die zweite Versammlung ist ohne Rücksicht auf die Zahl der vertretenen Kuxe beschlußfähig. Diese Folge muß indeß, wenn sie eintreten soll, in der Einladung angegeben werden.

Ueber jede Gewerkenversammlung ist ein Protokoll aufzunehmen.

§. 114. Eine Mehrheit von wenigstens drei Viertheilen aller Kuxe ist erforderlich zu Beschlüssen, durch welche über den Gegenstand der Verleihung — Substanz des Bergwerks — ganz oder theilweise verfügt werden soll. Dies gilt insbesondere von den Fällen des Verkaufes, des Tausches, der Verpfändung oder der sonstigen dinglichen Belastung des Bergwerks, sowie der Ueberlassung der Ausbeutung gegen Entgelt (Verpachtung).

Zu Verfügungen über das verliehene Bergwerkseigenthum durch Verzicht oder Schenkung ist Einstimmigkeit erforderlich.

§. 115. Binnen einer Präklusivfrist von vier Wochen vom Ablaufe des Tages, an welchem ein Gewerkschaftsbeschluß gefaßt ist, kann jeder Gewerke die Entscheidung des ordentlichen Richters, in dessen Bezirk das Bergwerk liegt, darüber, ob der Beschluß zum Besten der Gewerkschaft gereiche, anrufen und gegen die Gewerkschaft auf Aufhebung des Beschlusses klagen.

Durch das Statut kann bestimmt werden, daß die Entscheidung dieser Frage in Streitfällen durch ein Schiedsgericht erfolgen, wie das Schiedsgericht gebildet und unter welchen Formen von demselben verfahren werden soll.

Diese Bestimmungen finden auf einen in Gemäßheit des §. 94 gefaßten Beschluß keine Anwendung.

§. 116. Durch die Anstellung der Klage auf Aufhebung des Gewerkschaftsbeschlusses wird die Ausführung desselben nicht aufgehalten.

Wird der Beschluß aufgehoben, so verliert derselbe erst von der Rechtskraft der richterlichen Entscheidung an seine rechtliche Wirksamkeit.

Diese Bestimmungen finden keine Anwendung, wenn der Beschluß die im §. 120 bezeichneten Gegenstände betrifft.

§. 117. Jede Gewerkschaft ist verpflichtet, einen im Inlande wohnenden Repräsentanten zu bestellen und der Bergbehörde namhaft zu machen.

Statt eines einzelnen Repräsentanten kann die Gewerkschaft jedoch einen aus zwei oder mehreren Personen bestehenden Grubenvorstand bestellen.

Als Repräsentanten oder Mitglieder des Grubenvorstandes können auch Personen bestellt werden, welche nicht Gewerken sind.

§. 118. Die Wahl erfolgt in einer nach §. 113 beschlußfähigen Versammlung durch absolute Stimmenmehrheit. Ist eine solche bei der ersten Abstimmung nicht vorhanden, so werden diejenigen beiden Personen, welche die meisten Stimmen erhalten haben, in die engere Wahl gebracht. Bei Stimmengleichheit entscheidet das Loos.

Bei Ausmittelung der in die engere Wahl zu bringenden zwei Personen entscheidet im Falle der Stimmengleichheit ebenfalls das Loos.

Das Protokoll über die Wahlverhandlung ist notariell oder gerichtlich aufzunehmen. Eine Ausfertigung desselben wird dem Repräsentanten oder dem Grubenvorstande zu seiner Legitimation ertheilt.

§. 119. Der Repräsentant oder Grubenvorstand vertritt die Gewerkschaft in allen ihren Angelegenheiten gerichtlich und außergerichtlich.

Eine Spezialvollmacht ist nur in den im §. 120 bezeichneten Fällen erforderlich.

Eide Namens der Gewerkschaft werden durch ihn geleistet.

Beschränkt oder erweitert die Gewerkenversammlung die Befugnisse des Repräsentanten oder Grubenvorstandes, so müssen die betreffenden Festsetzungen in die Legitimation (§. 118) aufgenommen werden.

§. 120. Der Repräsentant oder Grubenvorstand bedarf eines besonderen Auftrages der Gewerkenversammlung,

1) wenn es sich um Gegenstände handelt, welche nur von einer Mehrheit von wenigstens drei Viertheilen aller Kuxe oder nur mit Einstimmigkeit beschlossen werden können;
2) wenn Beiträge von den Gewerken erhoben werden sollen.

§. 121. Der Repräsentant oder Grubenvorstand führt das Gewerkenbuch und fertigt die Kuxscheine aus (§. 103).

Er ist verpflichtet, für die Führung der übrigen erforderlichen Bücher der Gewerkschaft Sorge zu tragen und jedem Gewerken auf Verlangen die Bücher zur Einsicht offen zu legen.

§. 122. Der Repräsentant oder Grubenvorstand beruft die Gewerkenversammlungen.

Er muß, wenn das Bergwerk im Betriebe ist, alljährlich eine Gewerkenversammlung berufen und derselben eine vollständig belegte Verwaltungsrechnung vorlegen.

Der Repräsentant ist zur Berufung einer Gewerkenversammlung verpflichtet, wenn dies die Eigenthümer von wenigstens einem Viertheil aller Kuxe verlangen. Unterläßt er die Berufung, so erfolgt dieselbe durch die Bergbehörde auf den an sie gerichteten Antrag.

Zur Vornahme der Wahl eines Repräsentanten oder Grubenvorstandes oder zur Beschlußfassung über den Widerruf der erfolgten Bestellung kann die Bergbehörde auf den an sie gerichteten Antrag eine Gewerkenversammlung berufen.

§. 123. Der Repräsentant ist berechtigt und verpflichtet, alle Vorladungen und andere Zustellungen an die Gewerkschaft mit voller rechtlicher Wirkung in Empfang zu nehmen.

Bestellt die Gewerkschaft einen Grubenvorstand, so muß ein Mitglied desselben mit dieser Empfangnahme beauftragt und in der Legitimation des Grubenvorstandes bezeichnet werden. Wenn dies nicht geschehen ist, so kann die Zustellung an jedes Mitglied des Grubenvorstandes erfolgen.

§. 124. Die Bestimmungen der §§. 120, 121 und 122 dürfen nur durch ein förmliches Statut (§. 94), diejenigen des §. 123 aber gar nicht abgeändert werden.

In keinem Falle darf dem Repräsentanten oder Grubenvorstande die Vertretung der Gewerkschaft bei den Verhandlungen mit der Bergbehörde, mit dem Knappschaftsvereine und mit anderen auf den Berbau bezüglichen Instituten, sowie in den gegen sie angestellten Prozessen und die Eidesleistung in letzteren entzogen werden.

§. 125. Die Gewerkschaft wird durch die von dem Repräsentanten oder Grubenvorstande in ihrem Namen geschlossenen Rechtsgeschäfte berechtigt und verpflichtet.

Es ist gleichgültig, ob das Geschäft ausdrücklich im Namen der Gewerkschaft geschlossen worden ist, oder ob die Umstände ergeben, daß es nach dem Willen der Kontrahenten für die Gewerkschaft geschlossen werden sollte.

§. 126. Der Repräsentant oder die Mitglieder des Grubenvorstandes sind aus den von ihnen im Namen der Gewerkschaft vorgenommenen Rechtshandlungen Dritten gegenüber für die Verbindlichkeiten der Gewerkschaft persönlich nicht verpflichtet.

Handeln dieselben außer den Grenzen ihres Auftrages oder den Vorschriften dieses Titels entgegen, so haften sie persönlich, beziehungsweise solidarisch für den dadurch entstandenen Schaden.

§. 127. Die Bergbehörde ist befugt, eine Gewerkschaft aufzufordern, innerhalb drei Monaten einen Repräsentanten oder einen Grubenvorstand zu bestellen.

Wird dieser Aufforderung nicht entsprochen, so kann die Bergbehörde bis dahin, daß dies geschieht, einen Repräsentanten bestellen und demselben eine angemessene, von der Gewerkschaft aufzubringende und nöthigenfalls im Verwaltungswege exekutivisch einzuziehende Belohnung zusichern.

Dieser interimistische Repräsentant hat die in den §§. 119 bis 123 bestimmten Rechte und Pflichten, insofern die Bergbehörde keine Beschränkungen eintreten läßt.

§. 128. Soweit der gegenwärtige Titel nichts Anderes bestimmt, sind die durch die Bestellung eines Repräsentanten oder Grubenvorstandes entstehenden Rechtsverhältnisse nach den allgemeinen Vorschriften über den Vollmachtsvertrag zu beurtheilen.

§. 129. Die Klage gegen einen Gewerken auf Zahlung seines durch Gewerkschaftsbeschluß bestimmten Beitrages kann nicht vor Ablauf der in dem §. 115 bestimmten Präklusivfrist von vier Wochen erhoben werden. Ist innerhalb dieser Frist von dem Gewerken auf Aufhebung des Beschlusses Klage erhoben worden (§. 115), so findet vor rechtskräftiger Entscheidung über dieselbe die Klage gegen den Gewerken nicht statt.

Die Klage gegen den Gewerken kann nur bei dem ordentlichen Richter angestellt werden, in dessen Bezirk das Bergwerk liegt.

Das Verfahren über beide Klagen richtet sich nach den für schleunige Sachen bestehenden Vorschriften.

§. 130. Der Gewerke kann seine Verurtheilung und die Exekution dadurch abwenden, daß er unter Ueberreichung des Kurscheins den Verkauf seines Antheils behufs Befriedigung der Gewerkschaft anheimstellt.

§. 131. Der Verkauf des Antheils erfolgt im Wege der Mobilarversteigerung nach Vorschrift des §. 109.

Aus dem gelösten Kaufpreise werden zunächst die Verkaufskosten und sodann die schuldigen Beiträge gezahlt.

Ist der Antheil unverkäuflich, so wird derselbe den andern Gewerken nach Verhältniß ihrer Antheile in ganzen Kuxen, soweit dies aber nicht möglich ist, der Gewerkschaft als solcher im Gewerkenbuche lastenfrei zugeschrieben.

§. 132. Jeder Gewerke ist befugt, auf seinen Antheil freiwillig zu verzichten, wenn auf dem Antheile weder schuldige Beiträge noch sonstige Schuldverbindlichkeiten haften oder die ausdrückliche Einwilligung der Gläubiger beigebracht wird, und außerdem die Rückgabe des Kurscheins an die Gewerkschaft erfolgt.

Der Antheil soll alsdann, sofern die Gewerkschaft nicht anderweitig über denselben verfügt, durch den Repäsentanten zu Gunsten der Gewerkschaft verkauft werden.

Ist der Antheil unverkäuflich, so findet die für diesen Fall im §. 131 getroffene Bestimmung Anwendung.

§. 133. Die Bestimmungen der §§. 94 bis 132 kommen nicht zur Anwendung, wenn die Rechtsverhältnisse der Mitbetheiligten eines Bergwerks durch Vertrag oder sonstige Willenserklärung anderweitig geregelt sind. Ein solches Rechtsgeschäft bedarf zu seiner Gültigkeit der notariellen oder gerichtlichen Form. Die Urkunde über dasselbe ist der Bergbehörde einzureichen.

Mitbetheiligte eines Bergwerks im Sinne des §. 94 sind nicht die Theilhaber an einer ungetheilten Erbschaft oder an einer sonstigen gemeinschaftlichen Masse, zu welcher ein Bergwerk gehört.

§. 134. In den Fällen des §. 133 muß, wenn die Mitbetheiligten eines Bergwerks nicht eine Gesellschaft bilden, deren Vertretung durch die allgemeinen Gesetze geordnet ist, ein im Inlande wohnender Repräsentant bestellt und der Bergbehörde namhaft gemacht werden, widrigenfalls letztere nach §. 127 zu verfahren befugt ist.

Dasselbe gilt, wenn der Alleineigenthümer eines Bergwerks im Auslande wohnt.

Dieser Repräsentant hat diejenigen Geschäfte zu besorgen, welche im §. 124 als solche bezeichnet sind, die dem Repräsentanten oder Grubenvorstande einer Gewerkschaft niemals entzogen werden dürfen. Eine Abänderung ist auch hier unzulässig.

Fünfter Titel.
Von den Rechtsverhältnissen zwischen den Bergbautreibenden und den Grundbesitzern.

Erster Abschnitt.
Von der Grundabtretung.

§. 135. Ist für den Betrieb des Bergbaues und zwar zu den Grubenbauen selbst, zu Halden- Ablade- und Niederlageplätzen, Wegen, Eisenbahnen, Kanälen, Maschinenanlagen, Wasserläufen, Teichen, Hülfsbauen, Zechenhäusern und anderen für Betriebszwecke bestimmten Tagegebäuden, Anlagen und Vorrichtungen, zu den im §. 58 bezeichneten Aufbereitungsanstalten, sowie zu Soolleitungen und Soolbehältern die Benutzung eines fremden Grundstücks nothwendig, so muß der Grundbesitzer, er sei Eigenthümer oder Nutzungsberechtigter dasselbe an den Bergwerksbesitzer abtreten.

§. 136. Die Abtretung darf nur aus überwiegenden Gründen des öffentlichen Interesses versagt werden.

Zur Abtretung des mit Wohn- Wirthschafts- oder Fabrikgebäuden bebauten Grund und Bodens und der damit in Verbindung stehenden eingefriedigten Hofräume kann der Grundbesitzer gegen seinen Willen niemals angehalten werden.

§. 137. Der Bergwerksbesitzer ist verpflichtet, dem Grundbesitzer für die entzogene Nutzung jährlich im Voraus vollständige Entschädigung zu leisten und das Grundstück nach beendigter Benutzung zurückzugeben.

Tritt durch die Benutzung eine Werthsverminderung des Grundstücks ein, so muß der Bergwerksbesitzer bei der Rückgabe den Minderwerth ersetzen. Für die Erfüllung dieser Verpflichtung kann der Grundbesitzer schon bei der Abtretung des Grundstücks die Bestellung einer angemessenen Kaution von dem Bergwerksbesitzer verlangen. Auch ist der Eigenthümer des Grundstücks in diesem Falle zu fordern berechtigt, daß der Bergwerksbesitzer, statt den Minderwerth zu ersetzen, das Eigenthum des Grundstücks erwirbt.

§. 138. Wenn feststeht, daß die Benutzung des Grundstücks länger als drei Jahre dauern wird, oder wenn die Benutzung nach Ablauf von drei Jahren noch fortdauert, so kann der Grundeigenthümer verlangen, daß der Bergwerksbesitzer das Eigenthum des Grundstücks erwirbt.

§. 139. Wenn ein Grundstück durch die Abtretung einzelner Theile so zerstückelt werden würde, daß die übrig bleibenden Theile nicht mehr zweckmäßig benutzt werden können, so muß auch für letztere die jährliche Entschädigung (§. 137) auf Verlangen des Grundbesitzers von dem Bergwerksbesitzer geleistet werden.

Unter derselben Voraussetzung kann der Eigenthümer eines solchen Grundstücks verlangen, daß der Bergwerksbesitzer das Eigenthum des ganzen Grundstücks erwirbt.

§. 140. Bei der zwangsweisen Abtretung oder Erwerbung eines Grundstücks zu einer bergbaulichen Anlage kommen diejenigen Werthserhöhungen, welche das Grundstück erst in Folge dieser Anlage erhält, bei der Entschädigung nicht in Anschlag.

§. 141. Wegen aller zu Zwecken des Bergbaubetriebes veräußerten Theile von Grundstücken findet ein Vorkaufs- und Wiederkaufsrecht statt, wenn in der Folge das Grundstück zu den Zwecken des Bergbaues entbehrlich wird.

Das Vorkaufs- und Wiederkaufsrecht steht dem zeitigen Eigenthümer des durch die ursprüngliche Veräußerung verkleinerten Grundstücks nach denselben gesetzlichen Grundsätzen zu, welche in dieser Beziehung den Eisenbahngesellschaften gegenüber gelten.

§. 142. Können die Betheiligten sich in den Fällen der §§. 135 bis 139 über die Grundabtretung nicht gütlich einigen, so erfolgt die Entscheidung darüber, ob, in welchem Umfange und unter welchen Bedingungen der Grundbesitzer zur Abtretung des Grundstücks oder der Bergwerksbesitzer zum Erwerbe des Eigenthums verpflichtet ist, durch einen gemeinschaftlichen Beschluß des Oberbergamts und der Regierung.

§. 143. Vor der Entscheidung müssen beide Theile gehört und die Verhältnisse durch Kommissarien der beiden entscheidenden Behörden an Ort und Stelle untersucht werden.

Die Ermittelung der für die vorübergehende Benutzung des Grundstücks oder für die Abtretung des Eigenthums zu leistenden vollständigen Entschädigung, sowie der im §. 137 erwähnten Kaution liegt beim Mangel einer gütlichen Einigung der Betheiligten ebenfalls den Kommissarien ob.

Zu dieser Ermittelung sind Sachverständige zuzuziehen.

Jeder Theil ist befugt, Einen Sachverständigen zu bezeichnen. Geschieht dies binnen einer von den Kommissarien zu bestimmenden Frist nicht, so ernennen letztere die Sachverständigen.

In jedem Falle können die Kommissarien einen dritten Sachverständigen zuziehen.

§. 144. Der Beschluß, durch welchen die zwangsweise Abtretung oder Erwerbung eines Grundstücks ausgesprochen wird, muß das Grundstück genau bezeichnen, die dem Grundbesitzer zu leistende Entschädigung, beziehungsweise Kaution festsetzen und die sonstigen Bedingungen der Abtretung oder Erwerbung enthalten.

§. 145. Gegen den Beschluß des Oberbergamts und der Regierung steht beiden Theilen der Rekurs an die betreffenden Ressortminister zu. Derselbe muß nach näherer Vorschrift der §§. 192 und 193 bei dem Oberbergamte eingelegt werden. Gegen die Festsetzung der Entschädigung und der Kaution findet der Rekurs nicht statt.

Ueber die Verpflichtung zur Abtretung eines Grundstücks ist der Rechtsweg nur in dem Falle zulässig, wenn die Befreiung von dieser Verpflichtung auf Grund des zweiten Absatzes des §. 136 oder eines speziellen Rechtstitels behauptet wird.

§. 146. Durch Beschreitung des Rechtsweges wird, wenn dieselbe nur wegen der Festsetzung der Entschädigung oder Kaution erfolgt, die Besitznahme des Grundstücks nicht aufgehalten, vorausgesetzt, daß die festgesetzte Entschädigung an den Berechtigten gezahlt oder bei verweigerter Annahme gerichtlich deponirt, desgleichen die gerichtliche Deposition der festgesetzten Kaution geschehen ist.

§. 147. Die Kosten des Expropriationsverfahrens hat für die erste Instanz der Bergwerksbesitzer, für die Rekursinstanz der unterliegende Theil zu tragen.

Zweiter Abschnitt.

Von dem Schadensersatze für Beschädigungen des Grundeigenthums.

§. 148. Der Bergwerksbesitzer ist verpflichtet, für allen Schaden, welcher dem Grundeigenthume oder dessen Zubehörungen durch den unterirdisch oder mittelst Tagebaues geführten Betrieb des Bergwerks zugefügt wird, vollständige Entschädigung zu leisten, ohne Unterschied, ob der Betrieb unter dem beschädigten Grundstücke stattgefunden hat oder nicht, ob die Beschädigung von dem Bergwerksbesitzer verschuldet ist, und ob sie vorausgesehen werden konnte oder nicht.

§. 149. Ist der Schaden durch den Betrieb zweier oder mehrerer Bergwerke verursacht, so sind die Besitzer dieser Bergwerke gemeinschaftlich und zwar zu gleichen Theilen zur Entschädigung verpflichtet.

Im Verhältniß der Bergwerksbesitzer unter sich ist der Nachweis eines anderen Theilnahmeverhältnisses und der Anspruch auf Erstattung des Zuvielgezahlten nicht ausgeschlossen.

§. 150. Der Bergwerksbesitzer ist nicht zum Ersatze des Schadens verpflichtet, welcher an Gebäuden oder anderen Anlagen durch den Betrieb des Bergwerks entsteht, wenn solche Anlagen zu einer Zeit errichtet worden sind, wo die denselben durch den Bergbau drohende Gefahr dem Grundbesitzer bei Anwendung gewöhnlicher Aufmerksamkeit nicht unbekannt bleiben konnte.

Muß wegen einer derartigen Gefahr die Errichtung solcher Anlagen unterbleiben, so hat der Grundbesitzer auf die Vergütung der Werthsverminderung, welche sein Grundstück dadurch etwa erleidet, keinen Anspruch, wenn sich aus den Umständen ergiebt, daß die Absicht, solche Anlagen zu errichten, nur kund gegeben wird, um jene Vergütung zu erzielen.

§. 151. Ansprüche auf Ersatz eines durch den Bergbau verursachten Schadens (§§. 148, 149), welche sich nicht auf Vertrag gründen, müssen von dem Beschädigten innerhalb drei Jahren, nachdem das Dasein und der Urheber des Schadens zu seiner Wissenschaft gelangt sind, durch gerichtliche Klage geltend gemacht werden, widrigenfalls sie verjährt sind.

§. 152. Auf Beschädigungen des Grundeigenthums oder der Zubehörungen desselben durch die von Schürfern und Muthern ausgeführten Arbeiten finden die §§. 148 bis 151 ebenfalls Anwendung.

Dritter Abschnitt.

Von dem Verhältnisse des Bergbaues zu öffentlichen Verkehrsanstalten.

§. 153. Gegen die Ausführung von Chausseen, Eisenbahnen, Kanälen und anderen öffentlichen Verkehrsmitteln, zu deren Anlegung dem Unternehmer durch Gesetz oder besondere landesherrliche Verordnung das Expropriationsrecht beigelegt ist, steht dem Bergbautreibenden ein Widerspruchsrecht nicht zu.

Vor Feststellung der solchen Anlagen zu gebenden Richtung sind diejenigen, über deren Bergwerke dieselben geführt werden sollen, seitens der zuständigen Behörde darüber zu hören, in welcher Weise unter möglichst geringer Benachtheiligung des Bergwerkseigenthums die Anlage auszuführen sei.

§. 154. War der Bergbautreibende zu dem Bergwerksbetriebe früher berechtigt, als die Genehmigung der Anlage (§. 153) ertheilt ist, so hat derselbe gegen den Unternehmer der Anlage einen Anspruch auf Schadensersatz. Ein Schadensersatz findet nur insoweit statt, als entweder die Herstellung sonst nicht erforderlicher Anlagen in dem Bergwerke oder die sonst nicht erforderliche Beseitigung oder Veränderung bereits in dem Bergwerke vorhandener Anlagen nothwendig wird.

Können die Betheiligten sich über die zu leistende Entschädigung nicht gütlich einigen, so erfolgt die Festsetzung derselben nach Anhörung beider Theile und mit Vorbehalt des Rechtswegs, durch einen Beschluß des Oberbergamts, welcher vorläufig vollstreckbar ist.

§. 155. Wenn Bergbautreibende, welche vor Eintritt der Gesetzeskraft des gegenwärtigen Gesetzes zu dem Bergwerksbetriebe berechtigt waren, Entschädigungsansprüche erheben, welche über den ihnen nach §. 154 zu gewährenden Schadensersatz hinausgehen, so ist über diese Ansprüche nach den bisherigen Gesetzen zu entscheiden.

Sechster Titel.

Von der Aufhebung des Bergwerkseigenthums.

§. 156. Wird amtlich festgestellt, daß ein Bergwerkseigenthümer die nach Vorschrift des §. 65 an ihn erlassene Aufforderung zur Inbetriebsetzung des Bergwerks oder zur Fortsetzung des unterbrochenen Betriebes nicht befolgt hat, so kann das Oberbergamt die

Einleitung des Verfahrens wegen Entziehung des Bergwerkseigenthums durch einen Beschluß aussprechen.

§. 157. Der Bergwerkseigenthümer ist befugt, binnen vier Wochen vom Ablaufe des Tages, an welchem ihm der Beschluß, beziehungsweise der Rekursbescheid (§. 191) zugestellt ist, bei dem Gerichte, in dessen Bezirk das Bergwerk liegt, gegen das Oberbergamt auf Aufhebung des Beschlusses zu klagen. Geschieht dies nicht, so ist das Einspruchsrecht erloschen.

§. 158. Erhebt der Bergwerkseigenthümer keinen Einspruch, oder ist derselbe rechtskräftig verworfen, so wird der Beschluß von dem Oberbergamte den aus dem Hypothekenbuche oder den rheinischen Hypothekenregistern ersichtlichen Gläubigern und anderen Realberechtigten zugestellt und außerdem durch das Amtsblatt der Regierung in deren Bezirk das Bergwerk liegt, unter Verweisung auf diesen und den folgenden Paragraphen, zur öffentlichen Kenntniß gebracht.

§. 159. Jeder Hypothekengläubiger oder sonstige Realberechtigte, sowie jeder privilegirte Gläubiger des rheinischen Rechts ist befugt, binnen drei Monaten vom Ablaufe des Tages, an welchem der Beschluß zugestellt, beziehungsweise an welchem das die Bekanntmachung enthaltende Amtsblatt ausgegeben worden ist, behufs seiner Befriedigung die nothwendige Subhastation des Bergwerks bei dem zuständigen Richter auf seine Kosten zu beantragen, vorbehaltlich der Erstattung derselben aus den Kaufgeldern.

Wer von diesem Rechte binnen der angegebenen Frist keinen Gebrauch macht, hat bei der demnächstigen Aufhebung des Bergwerkseigenthums das Erlöschen seines Realanspruchs zu erleiden (§. 160).

Auch der seitherige Eigenthümer des Bergwerks kann innerhalb jener Präklusivfrist von drei Monaten die Subhastation auf seine Kosten beantragen.

§. 160. Wird die Subhastation nicht beantragt, oder führt dieselbe nicht zu dem Verkaufe des Bergwerks, so spricht das Oberbergamt durch einen Beschluß die Aufhebung des Bergwerkseigenthums aus.

Mit dieser Aufhebung erlöschen alle Ansprüche auf das Bergwerk, von welcher Art sie auch sein mögen.

§. 161. Erklärt der Eigenthümer eines Bergwerks vor der Bergbehörde seinen freiwilligen Verzicht auf dasselbe, so wird mit dieser Erklärung nach §. 158 ebenso verfahren, wie mit dem dort bezeichneten Beschlusse.

Die den Hypothekengläubigern und anderen Realberechtigten, sowie den privilegirten Gläubigern des rheinischen Rechts im §. 159 eingeräumte Befugniß steht denselben auch in diesem Falle zu, und hinsichtlich der Aufhebung des Bergwerkseigenthums finden die Bestimmungen des §. 160 ebenfalls Anwendung.

§. 162. Nach §. 161 ist auch dann zu verfahren, wenn der freiwillige Verzicht auf das Bergwerkseigenthum nur einzelne Theile eines Feldes betrifft.

§. 163. Bei jeder Aufhebung eines Bergwerkseigenthums darf der bisherige Eigenthümer die Zimmerung und Mauerung des Grubengebäudes nur insoweit wegnehmen, als nach der Entscheidung der Bergbehörde nicht polizeiliche Gründe entgegenstehen.

§. 164. Die Kosten, welche durch das im gegenwärtigen Titel angeordnete Verfahren bei der Bergbehörde erwachsen, hat der Bergwerkseigenthümer zu tragen.

Siebenter Titel.

Von den Knappschaftsvereinen.

§. 165. Für die Arbeiter aller dem gegenwärtigen Gesetze unterworfenen Bergwerke und Aufbereitungsanstalten, desgleichen für die Arbeiter der Salinen sollen Knappschaftsvereine bestehen, welche den Zweck haben, ihren Theilnehmern und deren Angehörigen nach näherer Bestimmung des Gesetzes Unterstützungen zu gewähren.

Sind mit den vorbezeichneten Werken zugleich Gewerbsanlagen verbunden, welche nicht unter der Aufsicht der Bergbehörde stehen, so können die bei diesen Gewerbsanlagen beschäftigten Arbeiter auf den gemeinschaftlichen Antrag der Letzteren und der Werksbesitzer durch den Knappschaftsvorstand in den Knappschaftsverein aufgenommen werden.

Die Knappschaftsvereine erlangen durch die Bestätigung ihrer Statuten die Eigenschaft juristischer Personen.

§. 166. Die bereits bestehenden Knappschaftsvereine bleiben in Wirksamkeit. Der gegenwärtige Titel findet jedoch auch auf sie Anwendung. Ihre Statuten sind mit den Vorschriften der §§. 170, 176 und 181 bis 186 in Uebereinstimmung zu bringen.

Die Besitzer und Arbeiter der Hüttenwerke und der dem gegenwärtigen Gesetze nicht unterworfenen Aufbereitungsanstalten, welche bereits einem Knappschaftsvereine angehören, scheiden auf ihren gemeinschaftlichen Antrag aus dem Vereine aus.

§. 167. Die Bestimmung der Bezirke, für welche neue Knappschaftsvereine gegründet werden sollen, hängt zunächst von dem Beschlusse der Betheiligten ab. Kann hierüber eine Einigung nicht erzielt werden, so entscheidet das Oberbergamt nach Anhörung der Werksbesitzer und eines von den Arbeitern zu wählenden Ausschusses.

§. 168. Alle in dem Bezirke eines bereits bestehenden oder neu gegründeten Knappschaftsvereins belegenen Bergwerke, Aufbereitungsanstalten und Salinen (§. 165) und die auf denselben beschäftigten Arbeiter sind dem Vereine nach näherer Bestimmung des Statuts beizutreten berechtigt und verpflichtet.

Berechtigt zum Beitritt sind auch die Werksbeamten, sowie die Verwaltungsbeamten des Knappschaftsvereins.

§. 169. Für jeden neu gegründeten Knappschaftsverein haben die Werksbesitzer unter Mitwirkung eines von den Arbeitern zu wählenden Ausschusses ein mit dem Gesetze in Uebereinstimmung stehendes Statut aufzustellen. Dasselbe unterliegt der Bestätigung des Oberbergamts, welche nur versagt werden darf, wenn das Statut den gesetzlichen Bestimmungen zuwiderläuft.

Wird das Statut nach vorgängiger Aufforderung nicht innerhalb Jahresfrist vorgelegt, so hat das Oberbergamt dasselbe aufzustellen.

§. 170. Zu allen Abänderungen von Knappschaftsstatuten ist erforderlich, daß dieselben von den Betheiligten nach den hierüber in das Statut aufzunehmenden näheren Bestimmungen beschlossen werden und sodann die Bestätigung des Oberbergamts nach Maßgabe des §. 169 erlangen.

§. 171. Die Leistungen, welche jeder Knappschaftsverein nach näherer Bestimmung des Statuts seinen vollberechtigten Mitgliedern mindestens zu gewähren hat, sind:

1) in Krankheitsfällen eines Knappschaftsgenossen freie Kur und Arznei für seine Person,
2) ein entsprechender Krankenlohn bei einer ohne eigenes grobes Verschulden entstandenen Krankheit,
3) ein Beitrag zu den Begräbnißkosten der Mitglieder und Invaliden,

4) eine lebenslängliche Invalidenunterstützung bei einer ohne grobes Verschulden eingetretenen Arbeitsunfähigkeit,
5) eine Unterstützung der Wittwen auf Lebenszeit, beziehungsweise bis zur etwaigen Wiederverheirathung,
6) eine Unterstützung zur Erziehung der Kinder verstorbener Mitglieder und Invaliden bis nach zurückgelegtem vierzehnten Lebensjahre.

Für die Mitglieder der am wenigsten begünstigten Klasse sind mindestens die unter 1 und 2 genannten Leistungen und, wenn sie bei der Arbeit verunglücken, auch die unter 3 und 4 genannten zu gewähren.

§. 172. Für die Leistungen unter 1, 2 und 3 des §. 171 oder für einzelne derselben können nach dem gemeinschaftlichen Beschlusse der Werksbesitzer, der Knappschaftsältesten und des Knappschaftsvorstandes besondere Krankenkassen auf sämmtlichen zu einem Knappschaftsvereine gehörigen Werken und zwar auf jedem einzelnen Werke oder gruppenweise auf mehreren eingerichtet werden.

Die für die Krankenkassen nach Vorschrift des §. 169 aufzustellenden Statuten unterliegen der daselbst erwähnten Bestätigung.

Die Beaufsichtigung der Krankenkassen gehört zu den Obliegenheiten des Knappschaftsvorstandes. In den Statuten des Knappschaftsvereins sind die näheren Bestimmungen hierüber, sowie über die bei der Abzweigung der Krankenkassen eintretende Herabsetzung der Beiträge zur Hauptkasse zu treffen.

§. 173. Die Ansprüche der Berechtigten auf die Leistungen der Knappschafts- und der Krankenkassen können weder an Dritte übertragen, noch auch mit Arrest belegt werden.

§. 174. Sowohl die Arbeiter als auch die Werksbesitzer haben zu den Knappschafts- und den Krankenkassen Beiträge zu leisten.

§. 175. Die Beiträge der Arbeiter sollen in einem gewissen Prozentsatze ihres Arbeitslohns oder in einem entsprechenden Fixum bestehen.

Die Beiträge der Werksbesitzer sollen mindestens die Hälfte des Beitrags der Arbeiter ausmachen.

§. 176. Die Werksbesitzer sind bei Vermeidung des gegen sie selbst zu richtenden Zwangsverfahrens verpflichtet, für die Einziehung und Abführung der Beiträge ihrer Arbeiter aufzukommen.

Auch haben die Werksbesitzer ihre Arbeiter regelmäßig an den durch das Statut festzusetzenden Zeitpunkten bei dem Knappschaftsvorstande anzumelden.

Unterbleibt die Anmeldung, so ist der Vorstand befugt, die Zahl der Arbeiter, für welche die Beiträge zur Knappschaftskasse eingezogen werden sollen, nach seinem Ermessen zu bestimmen oder bei dem Oberbergamte den Erlaß eines Strafbefehls gegen den säumigen Werksbesitzer in Antrag zu bringen.

§. 177. Alle Beiträge zur Knappschaftskasse wie zu den Krankenkassen können, auf vorgängige Festsetzung durch das Oberbergamt, im Wege der Verwaltungsexekution eingezogen werden.

Durch Beschreitung des Rechtsweges wird die Exekution nicht aufgehalten.

§. 178. Die Verwaltung eines jeden Knappschaftsvereins erfolgt unter Betheiligung von Knappschaftsältesten durch einen Knappschaftsvorstand.

§. 179. Die Knappschaftsältesten werden von den zum Vereine gehörigen Arbeitern und Beamten in einer durch das Statut bestimmten Zahl aus ihrer Mitte gewählt.

Auch den invaliden Arbeitern und Beamten kann die Wählbarkeit durch das Statut beigelegt werden.

Die Knappschaftsältesten vertreten die Knappschaftsmitglieder bei der Wahl des Vorstandes und haben im Allgemeinen das Recht und die Pflicht, einerseits die Befolgung des Statuts durch die Knappschaftsmitglieder zu überwachen und andererseits die Rechte der Letzteren gegenüber dem Vorstande wahrzunehmen.

Das Statut oder eine besondere Instruktion (§. 181) regelt ihre Dienstobliegenheiten.

§. 180. Die Mitglieder des Knappschaftsvorstandes werden nach näherer Bestimmung des Statuts zur einen Hälfte von den Werksbesitzern, beziehungsweise von den Repräsentanten, und zur anderen Hälfte von den Knappschaftsältesten je aus ihrer Mitte oder aus der Zahl der Königlichen oder Privatbergbeamten gewählt.

§. 181. Der Knappschaftsvorstand vertritt den Verein nach außen, leitet die Wahlen der Knappschaftsältesten, erwählt die Beamten und Aerzte des Vereins, schließt die Verträge mit denselben, sowie mit den Apothekern ab, erläßt die erforderlichen Instruktionen, verwaltet das Vermögen des Vereins und besorgt alle übrigen, ihm durch das Statut übertragenen Geschäfte.

§. 182. Die jährlich zu legenden Rechnungen müssen nach

vorgängiger Prüfung durch den Vorstand den Knappschaftsältesten und den Werksbesitzern zur Einsicht und etwaigen Erklärung offen gelegt werden, bevor der Vorstand dem Kassenbeamten die Entlastung ertheilt.

§. 183. Die Oberbergämter haben die Beobachtung der Statuten und insbesondere die statutenmäßige Verwaltung des Vermögens zu überwachen.

§. 184. Zur Ausübung dieses Aufsichtsrechts ernennt das Oberbergamt für jeden Knappschaftsverein einen Kommissar.

Derselbe ist befugt, allen Sitzungen des Knappschaftsvorstandes, welche ihm zu diesem Zwecke mindestens drei Tage vorher anzuzeigen sind, beizuwohnen und jeden statutenwidrigen Beschluß zu suspendiren. Von einer solchen Suspension muß er dem Oberbergamte sofort Anzeige machen.

§. 185. Der Knappschaftsvorstand ist jederzeit verpflichtet, dem Oberbergamte und dessen Kommissar auf Verlangen die Einsicht der über seine Verhandlungen zu führenden Protokolle, der Kassenbücher und der gelegten Rechnungen, sowie die Revision der Kasse zu gestatten.

Auch hat derselbe dem Oberbergamte die zur Statistik des Knappschaftswesens erforderlichen Nachrichten zu geben.

§. 186. Beschwerden über die Verwaltung des Vorstandes sind bei dem Oberbergamte und in der weiteren Instanz bei dem Handelsminister anzubringen.

Achter Titel.

Von den Bergbehörden.

§. 187. Die Bergbehörden sind:
- die Revierbeamten,
- die Oberbergämter,
- der Handelsminister.

§. 188. Die Bezirke der Oberbergämter werden durch Königliche Verordnung, diejenigen der Revierbeamten durch den Handelsminister festgestellt.

§. 189. Die Revierbeamten bilden für die ihnen überwiesenen Bergreviere die erste Instanz in allen Geschäften, welche nach dem gegenwärtigen Gesetze der Bergbehörde obliegen und nicht ausdrücklich den Oberbergämtern übertragen sind.

Sie handhaben insbesondere die Bergpolizei nach Vorschrift des Gesetzes.

Auch gehört zu ihrem Geschäftskreise die Wahrnehmung der Rechte des Staates hinsichtlich der Bergwerksabgaben.

§. 190. Die Oberbergämter bilden die Aufsichts- und Rekursinstanz für die Revierbeamten.

Unter ihrer Aufsicht stehen die Markscheider.

Durch sie erfolgt die Prüfung und Konzessionirung der Letzteren, sowie die Wiederentziehung ertheilter Konzessionen.

Sie überwachen die Ausbildung derjenigen Personen, welche sich für den Staatsdienst im Bergfache vorbereiten.

Außerdem liegen den Oberbergämtern die denselben im gegenwärtigen Gesetze ausdrücklich übertragenen Geschäfte ob.

Innerhalb ihres Geschäftskreises haben die Oberbergämter die gesetzlichen Befugnisse und Verpflichtungen der Regierungen.

§. 191. Gegen Verfügungen und Beschlüsse des Revierbeamten ist der Rekurs an das Oberbergamt, gegen Verfügungen und Beschlüsse des Letzteren der Rekurs an den Handelsminister zulässig, insofern das Gesetz denselben nicht ausdrücklich ausschließt.

§. 192. Der Rekurs muß binnen vier Wochen vom Ablaufe des Tages, an welchem die Verfügung oder der Beschluß zugestellt oder sonst bekannt gemacht worden ist, eingelegt werden, widrigenfalls das Rekursrecht erlischt.

§. 193. In den Fällen, wo nach dem gegenwärtigen Gesetze ein Beschluß des Oberbergamts erforderlich ist, desgleichen gegen Verfügungen, welche eine Entscheidung zwischen streitenden Parteien enthalten, muß der Rekurs innerhalb der im §. 192 bestimmten Frist bei derjenigen Behörde eingelegt werden, von welcher die beschwerende Entscheidung getroffen worden ist. Durch Einlegung bei einer anderen Behörde wird das Rekursrecht nicht gewahrt.

In den Fällen, wo eine Gegenpartei vorhanden ist, wird derselben die Rekursschrift zur Beantwortung binnen einer vierwöchentlichen, vom Ablaufe des Tages der Behändigung beginnenden Frist mitgetheilt. Geht innerhalb dieser Frist die Beantwortung nicht ein, so werden die Verhandlungen ohne Weiteres zur Rekursentscheidung eingesendet.

§. 194. Die bei den Bergbehörden in Bergbauangelegenheiten erwachsenden Kosten können von denjenigen Personen, welchen dieselben nach dem gegenwärtigen Gesetze zur Last fallen, im Wege der Verwaltungsexekution eingezogen werden.

§. 195. Die Bergbeamten des Staates, deren Frauen und unter väterlicher Gewalt stehenden Kinder können im Verwaltungsbezirke der Ersteren durch Muthung keine Bergwerke oder Kuxe erwerben.

Zu solchen Erwerbungen durch andere Rechtsgeschäfte unter Lebenden ist die Genehmigung des Handelsministers erforderlich.

Neunter Titel.

Von der Bergpolizei.

Erster Abschnitt.

Von dem Erlasse bergpolizeilicher Vorschriften.

§. 196. Der Bergbau steht unter der polizeilichen Aufsicht der Bergbehörden.

Dieselbe erstreckt sich auf

- die Sicherheit der Baue,
- die Sicherheit des Lebens und der Gesundheit der Arbeiter,
- den Schutz der Oberfläche im Interesse der persönlichen Sicherheit und des öffentlichen Verkehrs,
- den Schutz gegen gemeinschädliche Einwirkungen des Bergbaues.

Dieser Aufsicht unterliegen auch die in den §§. 58 und 59 erwähnten Aufbereitungsanstalten, Dampfkessel und Triebwerke, sowie die Salinen.

§. 197. Die Oberbergämter sind befugt, für den ganzen Umfang ihres Verwaltungsbezirks oder für einzelne Theile desselben Polizeiverordnungen über die im §. 196 bezeichneten Gegenstände zu erlassen.

Die Verkündigung dieser Verordnungen erfolgt durch das Amtsblatt der Regierungen, in deren Bezirk dieselben Gültigkeit erlangen sollen.

§. 198. Tritt auf einem Bergwerke in Beziehung auf die im §. 196 bezeichneten Gegenstände eine Gefahr ein, so hat das Oberbergamt die geeigneten polizeilichen Anordnungen nach Vernehmung des Bergwerksbesitzers oder des Repräsentanten durch einen Beschluß zu treffen.

§. 199. Ist die Gefahr eine dringende, so hat der Revierbeamte sofort und selbst ohne vorgängige Vernehmung des Bergwerksbesitzers oder des Repräsentanten die zur Beseitigung der Gefahr erforderlichen polizeilichen Anordnungen zu treffen, gleichzeitig aber dem Oberbergamte hiervon Anzeige zu machen.

Das Oberbergamt hat die getroffenen Anordnungen durch einen Beschluß zu bestätigen oder wieder aufzuheben. Vorher ist die Vernehmung der genannten Personen nachzuholen.

§. 200. Die Bekanntmachung der auf Grund der §§. 198 und 199 getroffenen polizeilichen Anordnungen an den Bergwerksbesitzer oder den Repräsentanten erfolgt durch Zustellung des Beschlusses des Oberbergamts, beziehungsweise der Verfügung des Revierbeamten.

Die Bekanntmachung an den Betriebsführer und die Grubenbeamten wird von dem Revierbeamten oder auf dessen Anweisung durch Eintragung in das Zechenbuch bewirkt, welches zu diesem Zwecke auf jedem Bergwerke gehalten werden muß.

Soweit eine Bekanntmachung an die Arbeiter erforderlich ist, geschieht dieselbe auf Anweisung des Revierbeamten durch Verlesen und durch Aushang auf dem Werke.

§. 201. In den Fällen des §. 199 muß mit der Ausführung der polizeilichen Anordnungen des Revierbeamten ohne Rücksicht auf die vorbehaltene oberbergamtliche Bestätigung oder Wiederaufhebung sofort begonnen werden.

Die Ausführung dieser Anordnungen wird durch Einlegung des Rekurses nicht aufgehalten.

§. 202. Werden die auf Grund der §§. 198 und 199 getroffenen polizeilichen Anordnungen nicht in der bestimmten Frist durch den Bergwerksbesitzer ausgeführt, so wird die Ausführung durch den Revierbeamten auf Kosten des Bergwerksbesitzers bewirkt.

§. 203. Sobald auf einem Bergwerke eine Gefahr in Beziehung auf die im §. 196 bezeichneten Gegenstände eintritt, hat der Betriebsführer und im Verhinderungsfalle der denselben vertretende Grubenbeamte dem Revierbeamten Anzeige hiervon zu machen.

Zweiter Abschnitt.

Von dem Verfahren bei Unglücksfällen.

§. 204. Ereignet sich auf einem Bergwerke unter oder über Tage ein Unglücksfall, welcher den Tod oder die schwere Verletzung einer oder mehrerer Personen herbeigeführt hat, so sind die im §. 203 genannten Personen zur sofortigen Anzeige an den Revierbeamten und an die nächste Polizeibehörde verpflichtet.

§. 205. Der Revierbeamte ordnet die zur Rettung der verunglückten Personen oder zur Abwendung weiterer Gefahr erforderlichen Maßregeln an.

Die zur Ausführung dieser Maßregeln nothwendigen Arbeiter und Hülfsmittel hat der Besitzer des Bergwerks zur Verfügung zu stellen.

Die Besitzer benachbarter Bergwerke sind zur Hülfeleistung verpflichtet.

§. 206. Sämmtliche Kosten für die Ausführung der im §. 205 bezeichneten Maßregeln trägt der Besitzer des betreffenden Bergwerks, vorbehaltlich des Regreßanspruchs gegen Dritte, welche den Unglücksfall verschuldet haben.

Dritter Abschnitt.

Von den Uebertretungen bergpolizeilicher Vorschriften.

§. 207. Uebertretungen der Vorschriften in den §§. 4, 10, 66, 67, 69, 71, 72, 73, 74, 80, 85, 93, 163, 200, 201, 203, 204 und 205 werden mit Geldbuße bis zu fünfzig Thalern bestraft.

In den Fällen der §§. 67 und 69, sowie 73 und 74, tritt diese Strafe auch dann ein, wenn auf Grund der §§. 70 und 75 der Betrieb von der Bergbehörde eingestellt wird.

§. 208. Uebertretungen der von den Bergbehörden bereits erlassenen, sowie der von den Oberbergämtern auf Grund des §. 197 noch zu erlassenden Polizeiverordnungen unterliegen der Strafe des §. 207.

Dieselbe Strafe findet bei Uebertretungen der auf Grund der §§. 198 und 199 getroffenen polizeilichen Anordnungen Anwendung.

§. 209. Ueber die Uebertretungen der bergpolizeilichen Vorschriften (§§. 207 und 208) sind von dem Revierbeamten Protokolle aufzunehmen.

Diese Protokolle werden der Staatsanwaltschaft zur Verfolgung übergeben.

Die Entscheidung steht den ordentlichen Gerichten zu. Dieselben haben hierbei nicht die Nothwendigkeit und Zweckmäßigkeit, sondern nur die gesetzliche Gültigkeit der von den Bergbehörden erlassenen polizeilichen Vorschriften zu prüfen.

Zehnter Titel.

Provinzialrechtliche Bestimmungen.

§. 210. In denjenigen Landestheilen, in welchen das unter dem 19. April 1844 publizirte Provinzialrecht für Westpreußen Anwendung findet, sind nur Steinsalz und Soolquellen den Bestimmungen des gegenwärtigen Gesetzes unterworfen.

Auf den Braunkohlenbergbau in diesen Landestheilen sollen jedoch der dritte Abschnitt des dritten Titels (von den Bergleuten), der siebente Titel (von den Knappschaftsvereinen) und der neunte Titel (von der Bergpolizei) Anwendung finden.

§. 211. Von den Bestimmungen des gegenwärtigen Gesetzes sind ausgenommen die Eisenerze

1) in dem Herzogthum Schlesien und der Grafschaft Glatz,
2) in Neuvorpommern und auf der Insel Rügen und
3) in den Hohenzollernschen Landen.

§. 212. Die Besitz- und Rechtsverhältnisse bei Stein- und Braunkohlen:

1) in den vormals zum Königreiche Sachsen gehörigen Landestheilen der Provinz Sachsen, mit Ausschluß der Grafschaften Mansfeld und Barby, des Amtes Gommern und der standesherrlichen Gebiete der Grafen von Stolberg-Stolberg und von Stolberg-Roßla,
2) in den vormals zum Königreiche Sachsen gehörigen Landestheilen der Provinz Brandenburg, insbesondere in der Standesherrschaft Baruth und den Aemtern Jüterbogk, Dahme, Belzig und Rabenstein nebst enklavirten ritterschaftlichen Orten, sowie in den vormals zum Kreise Wittenberg gehörigen Ortschaften Blankensee und Stangenhagen,
3) in dem Markgrafenthum Oberlausitz,
4) in dem Markgrafenthum Niederlausitz, mit Einschluß der

Herrschaft Sonnenwalde, so wie der Aemter Dobrilugk, Finsterwalde, und Senftenberg.

sollen wie bisher aufrecht erhalten werden.

§. 213. Für die im §. 212 genannten Landestheile kommen der dritte Abschnitt des dritten Titels, der siebente und der neunte Titel des gegenwärtigen Gesetzes in Anwendung.

Das Mandat vom 19. August 1743, das Regulativ vom 19. Oktober und 13. November 1843 und das Gesetz vom 1. Juni 1861 — Gesetzsammlung 1861 Seite 353 flg. — bleiben in Kraft.

§. 214. In den linksrheinischen Landestheilen bleiben die Dachschieferbrüche, die Traßbrüche und die unterirdisch betriebenen Mühlsteinbrüche auch fernerhin der polizeilichen Beaufsichtigung durch die Bergbehörde unterworfen.

Auf dieselben finden der siebente und der neunte Titel des gegenwärtigen Gesetzes Anwendung.

Elfter Titel.

Uebergangsbestimmungen.

§. 215. Die Felder der bei dem Eintritt der Gesetzeskraft des gegenwärtigen Gesetzes eingelegten Muthungen und bestehenden Bergwerke sind nach Maßgabe desselben (§. 26 ff.) auf den Antrag des Berechtigten, wenn sie gestreckte sind, in gevierte Felder umzuwandeln, und wenn sie gevierte Felder sind, bis zu der zulässigen Ausdehnung (§. 27) zu erweitern.

Ein solcher Antrag gilt in Beziehung auf das begehrte freie Feld als Muthung.

Bei konsolidirten Bergwerken kann der Antrag für jedes einzelne Feld gestellt werden.

Ein Erweiterungsantrag ist nicht mehr zulässig, wenn er nicht binnen sechs Monaten nach Eintritt der Gesetzeskraft dieses Gesetzes bei der zur Annahme von Muthungen befugten Bergbehörde (§. 12) gestellt worden ist.

§. 216. Von dem durch einen Umwandlungs- oder Erweiterungsantrag (§. 215) begehrten Felde dürfen die gestreckten Felder anderer Bergwerke nur dann ganz oder theilweise umschlossen werden, wenn die Eigenthümer dieser Bergwerke auf eine desfallsige Aufforderung der Bergbehörde sich mit der Umschließung ihrer Felder ausdrücklich einverstanden erklären.

Tritt diese Voraussetzung nicht ein, so muß der Antragsteller sich eine entsprechende, nöthigenfalls durch einen Beschluß des Oberbergamts festzustellende Beschränkung des begehrten gevierten Feldes gefallen lassen.

§. 217. Mehrere Umwandlungsanträge, welche auf das nämliche Feld gerichtet sind, begründen für jeden der Antragsteller ein gleiches Recht. Dasselbe gilt von mehreren Erweiterungsanträgen, welche auf das nämliche Feld gerichtet sind.

Bei einer solchen Kollision bildet, insoweit eine vertragsmäßige Einigung nicht zu erzielen ist, die Theilung in gleiche Theile die Regel.

Das Oberbergamt ist jedoch befugt, bei der Verleihung von diesem Theilungsverhältnisse abzuweichen, insoweit sich dies für einen zweckmäßigen Betrieb als erforderlich darstellt.

§. 218. Diejenigen Umwandlungsanträge, welche innerhalb sechs Monaten nach Eintritt der Gesetzeskraft dieses Gesetzes bei der zur Annahme von Muthungen befugten Bergbehörde (§. 12) eingehen, gewähren den auf Grund dieses Gesetzes eingelegten Muthungen und Erweiterungsanträgen gegenüber ein Vorzugsrecht auf das im §. 27 bestimmte Feld.

Von den gevierten Feldern der Muthungen, welche innerhalb dieser Frist eingelegt werden, dürfen die gestreckten Felder bereits bestehender Bergwerke ohne ausdrückliche Einwilligung der Eigenthümer auch dann nicht umschlossen werden, wenn seitens der Letzteren keine Umwandlungsanträge gestellt sind.

§. 219. Wird das Eigenthum eines Bergwerks, dessen gestrecktes Feld von dem gevierten Felde eines anderen Bergwerks umschlossen ist, nach dem sechsten Titel des gegenwärtigen Gesetzes aufgehoben, so hat der Eigenthümer des anderen Bergwerks, welchen die Bergbehörde von der Aufhebung in Kenntniß zu setzen hat, ein binnen vier Wochen nach dieser Bekanntmachung auszuübendes Vorzugsrecht auf die Vereinigung des gestreckten Feldes mit seinem gevierten Felde.

Die Vereinigung wird durch einen Nachtrag zur Verleihungsurkunde ohne weitere Förmlichkeiten ausgesprochen.

§. 220. Den im Kreise Wetzlar auf Grund der §§. 156 und 157 Theil II Titel 16 des Allgemeinen Landrechts mit gevierten

Feldern verliehenen Bergwerken steht die ewige Teufe nach senkrechten Ebenen zu.

§. 221. Wer auf Grund einer vor dem Eintritt der Gesetzeskraft des gegenwärtigen Gesetzes eingelegten Muthung auf das Feld eines zu derselben Zeit bereits bestehenden Bergwerks oder auf Theile desselben ein Vorzugsrecht zu haben glaubt, muß letzteres innerhalb Eines Jahres, von jenem Zeitpunkte an, durch gerichtliche Klage gegen den Bergwerkseigenthümer verfolgen.

Wer von dieser Frist keinen Gebrauch macht, ist seines etwaigen Vorzugsrechts auf das Feld verlustig.

§. 222. Soweit das gegenwärtige Gesetz auf die bereits bestehenden Bergwerke überhaupt Anwendung findet, unterliegen den Bestimmungen desselben auch diejenigen Bergwerke, welche den seitherigen gesetzlichen Vorschriften gemäß auf Mineralien berechtigt sind, die der §. 1 dieses Gesetzes nicht mehr aufführt.

§. 223. Nach dem Eintritt der Gesetzeskraft des gegenwärtigen Gesetzes findet eine Verleihung von Erbstollenrechten nicht mehr statt.

In Ansehung der bereits bestehenden Erbstollengerechtigkeiten, insbesondere auch der Aufhebungsarten, verbleibt es bei den Bestimmungen der seitherigen Gesetze.

Im Gesetzesbereiche des Allgemeinen Landrechts bedarf es jedoch zur Befreiung eines Bergwerks von den Erbstollengebühren durch eine Wasserhaltungsmaschine einer besonderen Verleihung der Erbstollengerechtigkeit für diese Maschine nicht mehr; es genügt, wenn die sonstigen Bedingungen der Enterbung nach den §§. 468 flg. Theil II Titel 16 des Allgemeinen Landrechts vorhanden sind. Erbstollenrechte erwirbt eine solche Wasserhaltungsmaschine für sich nicht.

§. 224. Bei Bergwerkseigenthum, welches nach dem Eintritt der Gesetzeskraft des gegenwärtigen Gesetzes verliehen wird, findet ein Anspruch auf Freikuxe irgend einer Art nicht mehr statt.

Den bereits vor diesem Zeitpunkte von Kirchen und Schulen, von dem Schlesischen Freikuxgelderfonds und von Grubenbesitzern erworbenen Freikuxen steht nur eine Realberechtigung auf den durch die bisherigen Gesetze bestimmten Ausbeuteantheil an dem Bergwerke zu.

Durch die nach §. 9 des Knappschaftsgesetzes vom 10. April 1854 erfolgte Aufhebung der beiden Freikuxe für die Knappschafts- und Armenkasse ist weder die Quote des Ausbeuteantheils der übrigen

Freikuxberechtigten, noch die Zahl der gewerkschaftlichen Kuxe verändert worden.

Die Ablösung der Freikuxe bleibt der freien Vereinigung der Betheiligten vorbehalten.

§. 225. Nach dem Eintritt der Gesetzeskraft des gegenwärtigen Gesetzes kann ein Recht auf Mitbau zur Hälfte, wo solches bisher gesetzlich bestanden hat, nur noch alsdann in Anspruch genommen werden, wenn die Erklärung, mitbauen zu wollen, bereits vor jenem Zeitpunkte rechtzeitig abgegeben oder die dreimonatliche Frist zur Abgabe dieser Erklärung noch nicht abgelaufen ist.

Alle Ansprüche auf das Recht des Mitbaues zur Hälfte, bezüglich deren die vorgeschriebene Aufforderung zur Geltendmachung unterblieben ist, müssen bei Vermeidung der Präklusion innerhalb Eines Jahres, von dem vorbezeichneten Zeitpunkte an, durch gerichtliche Klage geltend gemacht werden.

§. 226. Die Rechtsverhältnisse der bei dem Eintritt der Gesetzeskraft des gegenwärtigen Gesetzes in den rechtsrheinischen Landestheilen bestehenden Gewerkschaften sind, soweit es an vertragsmäßigen Verabredungen fehlt und nicht in den nachfolgenden §§. 227 bis 239 etwas Anderes bestimmt ist, nach den Vorschriften des vierten Titels zu beurtheilen.

§. 227. Die §§. 94 bis 98, 101, 103, 105, 106, 108, 109 und 110 finden auf die bestehenden Bergwerke keine Anwendung.

§. 228. Die seitherige Kuxeintheilung bleibt bestehen. Jedoch kann von jetzt an ein Kux nur noch in Zehntheile getheilt werden.

Die Kuxe behalten die Eigenschaft der unbeweglichen Sachen.

§. 229. Die einzelnen Gewerken werden, soweit die Einrichtung des Hypothekenwesens dies gestattet, als Eigenthümer ihrer Kuxe in das Hypothekenbuch eingetragen.

§. 230. Die einzelnen Gewerke können ihre Kuxe zur Hypothek stellen.

Eine Verpfändung des ganzen Bergwerks durch Mehrheitsbeschluß (§. 114) ist nur dann zulässig, wenn die einzelnen Kuxe nicht mit Hypotheken belastet sind. Anderen Falls ist Einstimmigkeit erforderlich.

§. 231. Bei der Veräußerung und Verpfändung von Kuxen kommen die für Grundstücke gegebenen Bestimmungen zur Anwendung.

§. 232. Der §. 107 findet mit der Maßgabe Anwendung,

daß die Erhebung der Beiträge beschlossen sein muß, bevor der seitherige Eigenthümer der Kuxe dieselben veräußert hat.

§. 233. Soweit die bereits bestellten Repräsentanten und Grubenvorstände mit besonderen Vollmachten versehen sind, behält es bei denselben sein Bewenden.

Im Uebrigen ist von der Anwendung der §§. 119 bis 126 und 128 auf diese Repräsentanten und Grubenvorstände nur die Bestimmung des §. 121 über die Führung des Gewerkenbuchs und die Ausfertigung der Kuxscheine ausgeschlossen.

§. 234. In den Fällen der §§. 130 bis 132 erfolgt der Verkauf des Antheils im Wege der nothwendigen Subhastation und die Zuschreibung des unverkäuflichen Antheils im Hypothekenbuche, letzteres, soweit die Einrichtung des Hypothekenwesens dies gestattet.

§. 235. Durch einen von einer Mehrheit von wenigstens drei Viertheilen aller Kuxe gefaßten Beschluß kann, soweit nicht vertragsmäßige Verabredungen entgegenstehen, jede bereits bestehende Gewerkschaft sich denjenigen Bestimmungen des vierten Titels, welche nach §. 227 auf die bestehenden Bergwerke keine Anwendung finden, unterwerfen und insbesondere die Kuxe auf die nach §. 101 zulässige Eintheilung mit der Wirkung zurückführen, daß die neuen Kuxe die Eigenschaft der beweglichen Sachen haben.

Ist bei dem Eintritt der Gesetzeskraft dieses Gesetzes der Besitz der Kuxe einer Gewerkschaft dergestalt getheilt, daß der Zurückführung derselben auf die vorbezeichnete Eintheilung außergewöhnliche Schwierigkeiten entgegenstehen, so kann mit Genehmigung des Oberbergamts die Zahl der Kuxe auf zehntausend bestimmt werden.

Das Protokoll über die Gewerkenversammlung, in welcher der Beschluß gefaßt wird, ist notariell oder gerichtlich aufzunehmen.

Wenn auf gewerkschaftlichen Antheilen Hypotheken haften oder Privilegien des rheinischen Rechts, so darf ein solcher Beschluß nur dann ausgeführt werden, wenn diese Gläubiger entweder vorher abgefunden sind oder in die Ausführung ausdrücklich eingewilligt haben.

§. 236. Soweit nicht etwas Anderes vereinbart ist, haften den seitherigen Hypothekengläubigern die neuen Kuxe, welche an die Stelle der verpfändeten Antheile treten, in der unter denselben durch ihre Hypothekenrechte begründeten Rangordnung als Pfand.

Wo nach der Einrichtung des Hypothekenwesens die auf den gewerkschaftlichen Antheilen haftenden Hypotheken und anderen Realansprüche in der zweiten und dritten Rubrik des Hypothekenfoliums eingetragen sind, werden dieselben von diesem Folium wörtlich in die Kuxscheine übertragen.

Die Löschung dieser Vermerke erfolgt nach den für die Löschung im Hypothekenbuche maßgebenden Vorschriften.

§. 237. Ist ein Antheil nach §. 236 mit Pfandrechten, welche an die Stelle seitheriger Hypotheken getreten sind, belastet, so wird der darüber ausgefertigte Kuxschein, sofern nur Ein seitheriger Hypothekengläubiger vorhanden ist, diesem ausgehändigt, sofern aber zwei oder mehrere solcher Gläubiger vorhanden sind, für diese von der Hypothekenbehörde (§. 239) in Gewahrsam genommen und aufbewahrt.

§. 238. Der Verkauf von Kuxscheinen behufs Befriedigung seitheriger Hypothekengläubiger erfolgt im Wege der Mobiliarversteigerung (§. 109).

Der Versteigerungstermin ist sämmtlichen aus dem Kuxscheine ersichtlichen Realberechtigten bekannt zu machen.

Durch den Verkauf erlöschen alle Realansprüche auf den verkauften Antheil.

Der gelöste Kaufpreis wird unter die Gläubiger nach der Rangordnung ihrer Forderungen vertheilt.

§. 239. Wenn und so lange in Folge der Ausführung eines unter den §. 235 fallenden Beschlusses Antheile einzelner Gewerken mit Pfandrechten, welche an die Stelle seitheriger Hypotheken getreten, belastet sind, erfolgt die Führung des Gewerkenbuchs und die Ausfertigung der Kuxscheine (§§. 103 und 121) durch die Hypothekenbehörde, welche das Hypothekenbuch über das Bergwerk selbst zu führen hat.

§. 240. In den Rechtsverhältnissen der Mitbetheiligten der bei dem Eintritt der Gesetzeskraft des gegenwärtigen Gesetzes in den linksrheinischen Landestheilen im Besitze mehrerer Personen befindlichen Bergwerke wird durch dieses Gesetz nichts geändert. Jedoch finden die Bestimmungen des §. 134 auch auf diese Bergwerke Anwendung.

Durch einen von einer Mehrheit von wenigstens drei Viertheilen aller Antheile gefaßten Beschluß können die Mitbetheiligten eines solchen Bergwerks die im vierten Titel des gegenwärtigen Gesetzes (§§. 94 bis 132) enthaltene gewerkschaftliche Verfassung annehmen, soweit nicht vertragsmäßige Verabredungen entgegenstehen.

Der Beschluß ist notariell aufzunehmen.

§. 241. Auf Fälle, in welchen vor Eintritt der Gesetzeskraft des gegenwärtigen Gesetzes für den Betrieb des Bergbaues Grund und Boden eigenthümlich oder zur Benutzung abgetreten ist, kommen nicht die §§. 137 bis 141, sondern die bisherigen Gesetze zur Anwendung.

Zwölfter Titel.

Schlußbestimmungen.

§. 242. Wo in diesem Gesetze eine Frist nach Monaten bestimmt ist, fällt der Ablauf der Frist auf denjenigen Tag des letzten Monats, welcher durch seine Zahl dem Tage des Anfangs der Frist entspricht. Fehlt dieser Tag in dem letzten Monate, so läuft die Frist mit dem letzten Tage dieses Monats ab.

§. 243. Das gegenwärtige Berggesetz tritt im ganzen Umfange der Monarchie mit dem 1. Oktober 1865 in Kraft.

§. 244. Mit diesem Zeitpunkte treten außer Kraft: die Provinzial-Bergordnungen, die §§. 6 und 69 bis 480 des sechszehnten Titels im zweiten Theile des allgemeinen preußischen Landrechts, das gemeine deutsche Bergrecht, die Deklaration vom 27. Oktober 1804, das Gesetz über die Verleihung des Bergeigenthums auf Flötzen vom 1. Juli 1821, das Gesetz über die Verhältnisse der Miteigenthümer eines Bergwerks vom 12. Mai 1851, das Knappschaftsgesetz vom 10. April 1854, das Gesetz über die Beaufsichtigung des Bergbaues und das Verhältniß der Berg- und Hüttenarbeiter vom 21. Mai 1860, mit Ausschluß der §§. 16, 17 und 18 und des §. 19, soweit derselbe sich auf §. 18 bezieht, das Gesetz über die Kompetenz der Oberbergämter vom 10. Juni 1861, das linksrheinische Bergwerksgesetz vom 21. April 1810, das Dekret über die Organisation des Bergwerkscorps vom 18. November 1810, das Bergwerkspolizeidekret vom 3. Januar 1813 und alle übrigen allgemeinen und besonderen Gesetze, Verordnungen und Gewohnheiten über Gegenstände, auf welche das gegenwärtige Gesetz sich bezieht.

§. 245. Für die Verwaltung der Bergbauhülfskassen bleibt das Gesetz vom 5. Juni 1863 — Gesetzsammlung Seite 365 — maßgebend.

Desgleichen wird an den Vorschriften über die Entrichtung,

Ermittelung und Einziehung der Bergwerksabgaben durch das gegenwärtige Gesetz nichts geändert.

Die bisher von den Bergbehörden erlassenen Bergpolizeiverordnungen bleiben, soweit sie nicht mit dem gegenwärtigen Gesetze in Widerspruch stehen, in Kraft.

§. 246. Die bisher von besonderen Berg-Hypothekenkommissionen geführten Berg-Hypothekenbücher sollen an die ordentlichen Gerichte abgegeben werden.

Der Zeitpunkt dieser Abgabe und die Auflösung der Berg-Hypothekenkommissionen wird durch Königliche Verordnung bestimmt.

Die besonderen Bestimmungen über die Einrichtung und Führung der Berg-Hypothekenbücher bleiben in Kraft, soweit nicht eine Abänderung durch den §. 97 herbeigeführt wird.

§. 247. An die Stelle des §. 410 des Anhangs zur allgemeinen preußischen Gerichtsordnung und der Kabinetsordre vom 14. September 1834 — Gesetzsammlung Seite 169 — treten bei der Subhastation von Bergwerken und Bergwerksantheilen folgende Bestimmungen:

1) Statt der Taxe wird von dem Revierbeamten eine genaue Beschreibung des Bergwerks angefertigt.
2) Bei Anberaumung des Bietungstermins und Bekanntmachung des Subhastationspatents finden die bei der Subhastation von Gegenständen von mehr als fünfhundert Thalern bis zu fünftausend Thalern an Werth vorgeschriebenen Förmlichkeiten Anwendung.

§. 248. Die rheinische Subhastationsordnung vom 1. August 1822 — Gesetzsammlung Seite 195 — erleidet bei der Subhastation von Bergwerken und Bergwerksantheilen folgende Abänderungen:

1) Nr. 2 und 3 des §. 4 und die entsprechenden Bestimmungen unter Nr. 2 und 3 des §. 12 beiben außer Anwendung.

   Es genügt eine von dem Revierbeamten angefertigte genaue Beschreibung des Bergwerks.
2) In allen Fällen ist der Bietungstermin (§. 13) auf drei Monate hinauszurücken und das Subhastationspatent unter den im §. 14 Nr. 2 vorgeschriebenen Förmlichkeiten bekannt zu machen.

Bei den auf Grund des sechsten Titels des gegenwärtigen Gesetzes einzuleitenden Subhastationen finden die §§. 2 und 3 jener Subhastationsordnung keine Anwendung.

§. 249. Die besonderen Vorschriften über die Theilnahmerechte der Berggläubiger bei der Vertheilung der Kaufgelder und Revenüen von Bergwerken im Konkurse und in der nothwendigen Subhastation sind aufgehoben.

Dagegen wird den Bergarbeitern in Beziehung auf die Rückstände aus dem letzten Jahre an Lohn und anderen Emolumenten das Vorrecht des §. 50 der Konkursordnung vom 8. Mai 1855, und im Gebiete des rheinischen Rechts das Privilegium des Artikels 2101 Nr. 4 des bürgerlichen Gesetzbuches beigelegt.

§. 250. An den Rechten der früher reichsunmittelbaren Standesherren, sowie derjenigen, welchen auf Grund besonderer Rechtstitel das Bergregal in gewissen Bezirken allgemein oder für einzelne Mineralien zusteht, wird durch das gegenwärtige Gesetz nichts geändert.

Unbeschadet dieser Rechte unterliegt jedoch auch der Bergbau in jenen Bezirken den Bestimmungen des gegenwärtigen Gesetzes.

Die von den Berechtigten bestellten Bergbehörden bleiben in Wirksamkeit. Die Dienstinstruktionen derselben sollen mit diesem Gesetze, soweit es nach dem Vorstehenden Anwendung findet, in Uebereinstimmung gebracht werden.

Urkundlich unter Unserer Höchsteigenhändigen Unterschrift und beigedrucktem Königlichen Insiegel.

Gegeben Carlsbad, den 24. Juni 1865.

(L. S.) Wilhelm.

v. Bismarck. v. Bodelschwingh. von Roon. Gr. v. Itzenplitz.
v. Mühler. Gr. zur Lippe. v. Selchow. Gr. zu Eulenburg.

Inhalt des Gesetzes.

Erster Titel. Allgemeine Bestimmungen	§§.	1	u.	2
Zweiter Titel. Von der Erwerbung des Bergwerkseigenthums.				
Erster Abschnitt. Vom Schürfen	§§.	3	—	11
Zweiter Abschnitt. Vom Muthen	§§.	12	—	21
Dritter Abschnitt. Vom Verleihen	§§.	22	—	38
Vierter Abschnitt. Vom Vermessen	§§.	39	u.	40
Fünfter Abschnitt. Von der Konsolidation	§§.	41	—	49
Dritter Titel. Von dem Bergwerkseigenthume.				
Erster Abschnitt. Von dem Bergwerkseigenthume im Allgemeinen	§§.	50	—	64
Zweiter Abschnitt. Von dem Betriebe und der Verwaltung	§§.	65	—	79
Dritter Abschnitt. Von den Bergleuten	§§.	80	—	93
Vierter Titel. Von den Rechtsverhältnissen der Mitbetheiligten eines Bergwerks	§§.	94	—	134
Fünfter Titel. Von den Rechtsverhältnissen zwischen den Bergbautreibenden und den Grundbesitzern.				
Erster Abschnitt. Von der Grundabtretung	§§.	135	—	147
Zweiter Abschnitt. Von dem Schadenersatze für Beschädigungen des Grundeigenthums	§§.	148	—	152
Dritter Abschnitt. Von dem Verhältnisse des Bergbaues zu öffentlichen Verkehrsanstalten	§§.	153	—	155
Sechster Titel. Von der Aufhebung des Bergwerkseigenthums	§§.	156	—	164
Siebenter Titel. Von den Knappschaftsvereinen	§§.	165	—	186
Achter Titel. Von den Bergbehörden	§§.	187	—	195
Neunter Titel. Von der Bergpolizei.				
Erster Abschnitt. Von dem Erlasse bergpolizeilicher Vorschriften	§§.	196	—	203
Zweiter Abschnitt. Von dem Verfahren bei Unglücksfällen	§§.	204	—	206
Dritter Abschnitt. Von den Uebertretungen bergpolizeilicher Vorschriften	§§.	207	—	209
Zehnter Titel. Provinzialrechtliche Bestimmungen	§§.	210	—	214
Elfter Titel. Uebergangsbestimmungen	§§.	215	—	241
Zwölfter Titel. Schlußbestimmungen	§§.	242	—	250.

Bonn, Druck von Carl Georgi